Schmau

Wolfhard Margies

Gnade

Aufbruch-Verlag

2. Auflage 1991
ISBN 3-926395-10-9
Umschlaggestaltung: Michael Stefanescu
Satz und Druck: Kupijai & Prochnow, Berlin

Inhalt

Einleitung

Vor einem halben Jahr dachte ich noch – ich schreibe dies im Mai 1990 –, daß ich die wesentlichen Wahrheiten des Neuen Testamentes im Prinzip entdeckt und verstanden hätte. Mir schien, daß es nun nur noch darauf ankäme, in der Gemeinde treu die erkannte Wahrheit zu verkündigen, sie umzusetzen und auszuleben, und dann würde nach einiger Zeit die Erweckung sich einfach einstellen müssen. Ich glaube immer noch, heute mehr denn je, daß unser Herr über Mitteleuropa und über unseren ganzen Kontinent eine gewaltige Ausgießung von Evangelium, Geist und göttlichem Leben in ganz naher Zukunft bewirken will. Aber ich habe mittlerweile die überraschende Entdeckung machen müssen, daß offenbar ganz wesentliche Wahrheiten des Evangeliums, die mir eine wichtige Voraussetzung zur Erweckung zu sein scheinen, in meinem Leben und offensichtlich auch in der Gemeinde, der ich diene, bislang zu kurz gekommen sind. Eine davon betrifft das Thema „Gnade".

Fraglos gehört der Begriff Gnade zu den bekanntesten Worten und Prinzipien, die wir in der Heiligen Schrift haben, und er ist so gut wie jedem Christen geläufig. Aber wissen wir tatsächlich, was Gnade eigentlich ist? Im Rückblick kann ich feststellen, daß ich schon seit Jahren mit dem Begriff der Gnade im Rahmen meiner Lehre und Praxis von Seelsorge verstärkt gearbeitet hatte. Dennoch bedurfte es zusätzlicher Offenbarungen Gottes, um mich die geheimnisvolle Tiefe, die strahlende Schönheit und vor allem die lebensverändernde Kraft der Gnade in neuer Dimension erfahren zu lassen.

Meine Verkündigung über Gnade, die ich anschließend in einer längeren Serie der Gemeinde vorgetragen hatte und die auch darüber hinaus ins Land gegangen ist, hat mir dann tatsächlich bewiesen, daß die Gnade eine weithin unbekannte Größe ist. Viele Christen, die diese Vorträge gehört hatten, haben mir gesagt oder geschrieben, daß es ihnen wie Schuppen von den Augen gefallen sei und daß sie sich gewundert hätten, wie sie über die Jahre ohne tiefere Kenntnis von Gnade und dementsprechend erst recht mit unzulänglicher Erfahrung der Gnade haben existieren können.

In der Tat, es lebt sich ausgesprochen schlecht ohne Gnade, zumal wenn man Jesus kennt und aus Gnaden errettet ist und in seinem Leben Gnade ununterbrochen anwenden sollte. Das erwartet nämlich Gott, daß wir Menschen der Gnade werden, die einen total anderen Lebensstil haben als alle anderen Menschen um uns herum und die dementsprechend auch leichter und besser leben. Aber an dieser Stelle tut sich ein häßlicher Zwiespalt auf. Wir Gläubigen, von denen erwartet wird, daß wir ununterbrochen mit Gnade umgehen und aus Gnade leben, werden von Gott an dieser uns zugänglichen Erkenntnis gemessen. Wenn wir gnadenlos leben, dann hat das verheerendere Auswirkungen, als wenn Menschen der Welt ohne Gnade leben. Sie können eigentlich gar nicht anders leben.

Am deutlichsten kann man diesen angehobenen Maßstab mit seinen Auswirkungen bei christlichen Geschäftsleuten erkennen. Wenn sie nach ihrer Lebensübergabe an Jesus in ihrem geschäftlichen Verhalten nach den alten Kriterien der Gnadenlosigkeit vorgehen, dann werden sie Kandidaten des Bankrottes. Das ist auch der Hintergrund dafür, daß in der Tat, fast mit gesetzmäßiger Häufigkeit, wiedergeborene Geschäftsleute nach ihrer Bekehrung in aller Regel einen tiefen geschäftlichen Niedergang erleben, der in vielen Fällen im totalen geschäftlichen Desaster endet. Das alles muß nicht sein.

Die Gnade Gottes ist uns nicht gegeben, damit wir an ihr scheitern, weil wir sie verkennen. Die Gnade Gottes ist so ungeheuer wertvoll, so ermutigend und so faszinierend, daß jeder, der sie wirklich verstanden hat, sie mit Freuden ergreifen wird und dadurch in allen Belangen seines Lebens – in den privaten, familiären, sozialen und geschäftlichen Bereichen und natürlich in erster Linie in seiner Beziehung zu Gott – von großem Segen begleitet sein wird.

Dieses Buch schreibe ich mit großer Begeisterung, weil es kaum einen Lehrinhalt gibt, der mich mehr ermutigt und beeindruckt hat, als Gottes Lehre über Gnade. Das offensichtliche Defizit an Wissen und Praxis in bezug auf Gnade im Leib Jesu muß dringend aufgefüllt werden. Wir können es uns keinen Tag erlauben, unserem Herrn folgen zu wollen und nicht zu wissen, was Gnade ist. So viele Christen leben mit dem Konzept der Gesetzlichkeit und Unbarmherzigkeit, ohne es zu wissen. Sie mögen den Begriff Gnade wohl mit dem Kopf verstehen, aber mit dem Herzen sind sie Gnadenanalphabeten.

Ich wünsche dem Leser, daß er durch dieses Buch eine kräftige Bereicherung erfährt. Verstandene und praktizierte Gnade trägt das Vermögen in sich, jedem seine private Wende zu verschaffen.

Kapitel 1

Gnade, das Gegenteil von allem was wir denken oder fühlen

Die einzig verläßliche Quelle, aus der wir schöpfen können, um etwas über Gnade zu lernen, ist das Wort Gottes. Gnade ist etwas wie von einem anderen Stern. Sie ist so anders und eigentlich unserem Denken und Reagieren im Alltag und allen eingefahrenen seelischen Reflexen und Assoziationen so fremd und entgegengesetzt, daß sie aus keiner natürlichen Quelle des menschlichen Denkens entstammen kann. Gott selbst hat in seinem übernatürlichen Buch, der Bibel, die Gnade uns nahegebracht und in allen Einzelheiten erklärt und definiert.

So sind wir darauf angewiesen, uns aus dem Worte Gottes die Kenntnis über Gnade zu verschaffen. Wir brauchen dazu die übernatürliche Hilfe Gottes, weil das Wesen und die Natur der Gnade unserer menschlichen Vorstellung zuwiderläuft. Aber der Heilige Geist ist uns zur Hilfe gegeben, um die menschlich unverstehbare Gnade verstehen und sie in ihrer Schönheit und einzigartigen Kraft erfassen und erleben zu können.

Bevor die Gnade Gottes etwas bei uns bewirken kann, müssen wir sie erkennen:

Kolosser 1,5 b-6

5 b Von ihr habt ihr schon jetzt gehört durch das Wort der Wahrheit im Evangelium,

6 das zu euch gekommen ist, wie es auch in aller Welt da ist und Frucht bringt und so wächst, wie auch bei euch von dem Tage an, da ihr's gehört habt und erkannt die Gnade Gottes in der Wahrheit.

Das Wort der Wahrheit, das das Evangelium enthält und ist, hat von dem Augenblick an Frucht gebracht und seine Wachstumskraft bei den Christen in Kolossä bewiesen, als sie in der Wahrheit die Gnade Gottes gesehen und erkannt hatten. Das ist schon ein machtvoller Anfang in der Lehre der Heiligen Schrift über die Gnade: Das Evangelium, das das Wort der Wahrheit enthält setzt dann seine Kraft frei und beginnt bei uns Menschen Wachstum und Frucht zu wirken, wenn wir in ihm die Gnade Gottes erkannt haben. Die Gnade Gottes wird uns im Worte Gottes verdeutlicht. Das ist eine Aussage dieses Wortes. Die andere Aussage besteht darin, daß das Wort Gottes seine göttlichen Wachstumsreize erst dann freigibt, wenn man es als Offenbarungsrahmen und Träger der Gnade erkannt hat. Dann erst wächst das Wort und mit ihm die Gläubigen und bringt seine göttliche Frucht.

So kommt es also darauf an, daß wir das Wesen und den übernatürlichen Gehalt der Gnade erkennen. Mit der Hilfe des Wortes Gottes und unter der Assistenz des Heiligen Geistes ist Gnade verstehbar und ergründbar.

Es gibt keine Möglichkeit, zum Kern der Gnade vorzudringen, wenn wir nicht selbst übernatürliche Menschen durch die geistliche Wiedergeburt geworden sind. Auch dann noch, das lehrt die Erfahrung, haben es viele Nachfolger Christi schwer, mit Gnade umzugehen. Die ganze Breite von seelischem Leid in der Christenheit beweist, wie wenig Christen, die aus Gnade gläubig geworden sind, letztlich doch die Gnade verstehen und anwenden. Menschen der Gnade können nicht seelisch krank werden!

In unseren Kreisen und Gemeinden ist in den letzten Jahren viel über Glaube gepredigt worden, was zur Folge hat, daß der Glaubenslevel im Leben von vielen Gläubigen und ganzen Gemeinden sichtbar angestiegen ist. Aber es ist dabei nicht zu verkennen, daß manche um mehr Glauben ringende Christen sich sehr schwer tun und dabei sehr verkrampft erscheinen. Ihnen fehlt Einsicht in Gnade, und ihnen fehlt die Erkenntnis des Zusammenhangs von Gnade und Glauben.

So müssen wir nach stärkerer Betonung von Glauben jetzt die Lehre von der göttlichen Gnade nachliefern. Zugegeben, das könnte möglicherweise die verkehrte Reihenfolge sein. Aber was hilfst, wir müssen die Geschenke Gottes so nehmen, wie wir sie von ihm ausgepackt in die Hände bekommen. Und wer weiß, ob wir mit Gnade richtig umgehen könnten, wenn wir nichts davon verstünden, wie man sie nimmt. Denn Glauben heißt ja Nehmen.

Aber man kann nichts nehmen, von dem man nicht weiß, daß es da ist und wie es aussieht und des Nehmens wert und nützlich ist. Gnade muß zuerst erkannt werden, um dann im Glauben ergriffen zu werden. Je besser wir die Gnade und alle Gnadenangebote erkennen, um so mehr werden wir uns bemühen, sie haben zu wollen, das heißt, um so mehr werden wir in uns den Reiz des Glaubens und den Bedarf nach Glauben entdecken.

Alles läuft darauf hinaus, daß wir ein präzises, aber auch lebendiges Verständnis von Gnade bekommen. Wenn wir erkannt haben, was wir mit Gnade von Gott angeboten erhalten, werden wir dadurch in Bewegung geraten.

Gnade ist ein Geschenk Gottes. In der Gnade drückt sich der Charakter Gottes aus. Je besser wir den Charakter unseres Herrn und unseres himmlischen Vaters verstehen, um so leichter wird unser Zugang zu Gnade sein:

2. Petrus 3,18a
Wachset aber in der Gnade und Erkenntnis unsers Herrn und Heilandes Jesus Christus.

Die Erkenntnis der Gnade und die Erkenntnis Christi sind offensichtlich inhaltlich verbunden. Wir sollen in beiden wachsen, weil das Verstehen der Gnade eine bessere Erkenntnis Gottes wirkt und die Kenntnis des Charakters Gottes es leichter macht, die Gnade Gottes zu verstehen. Wir sollten uns jeder biblischen Hilfe bedienen, die wir nur bekommen können, um die einzigartige Natur der Gnade Gottes zu verstehen. Wenn man sie wirklich erkannt hat, dann ist man von ihr fasziniert und ihr verfallen. Dann kann man nicht anders, als sie einfach (im Glauben) zu ergreifen, und das geht dann ganz leicht.

Wie sehr die Leichtigkeit und Selbstverständlichkeit des Ergreifens abhängig ist vom Reiz und dem Wert des zu ergreifenden Gegenstandes, will ich an folgenden beiden Szenen illustrieren:

Sie gehen, lieber Leser, in der Stadt, in der Sie wohnen, auf der Straße entlang und wundern sich über einige auf dem Bürgersteig herumliegende Zettel. Mißmutig fragen Sie sich: Wie ist es nur möglich, daß in unserer Stadt so wenig Reinlichkeit herrscht. Jetzt fliegen die Papierfetzen schon auf den Straßen herum. Voraussichtlich hätten Sie wenig Neigung sich zu bücken, diese einzelnen Zettel einzusammeln und in den nächsten Mülleimer zu tun. Seien Sie ehrlich, Sie kämen gar nicht auf den Gedanken, sich selbst zu bücken und Zettel für Zettel aufzusammeln, an sich zu nehmen und sie dem angemessenen Ort zuzuführen.

Zweite Szene: Sie gehen wieder auf der Straße und sehen ähnliche Zettel auf dem Bürgersteig herumliegen. Ihr erster Impuls ist Unmut und Ärger über die Nachlässigkeit der Stadtverwaltung und die Schlampigkeit der Bürger, die einfach ihren Papierabfall auf die Straße fallen lassen.

Dann schauen Sie genauer hin und Sie sehen vertraute Zeichen und Bilder auf diesen Zetteln. Ungläubig und staunend schauen Sie genauer hin, und Sie erkennen auf jenen rechteckigen kleinen Papierzetteln von eigenartigem Format auf einmal Zahlen von 1000 DM. Dann ist es klar: Das sind Geldscheine. Wie schnell werden Sie sich bücken, um diese Scheine aufzulesen und an sich zu nehmen? Wird es eines großen Kampfes bedürfen, die Motorik Ihres Körpers und der Arme in Gang zu setzen, um all die Scheine desselben Aussehens zu ergreifen? Sicher nicht.

Was ist geschehen? Sie haben blitzartig und mit großer Behendigkeit reagiert; dabei mit erstaunlicher Hingabe und Begierde gehandelt und die Scheine an sich genommen, nachdem Sie erkannt hatten, was sie wert waren.

Das ist ein Bild für unseren Umgang mit Gnade. Wir werden es viel leichter haben zu glauben, wenn wir wissen, was uns zusteht. Das Besondere an der Gnade, was sie erst zur Gnade macht, ist dabei noch die Tatsache, daß sie absolut frei und gratis ist. Es sind keine Hindernisse zu überwinden.

Ich möchte, um das zu verdeutlichen, ein ähnliches Bild gebrauchen. Sie gehen beim Spazierengehen an einer Bank vorbei und finden in dem Schaufenster der Bank hinter Panzerglas eine 1000-DM-Note ausgestellt, die als Blickfang für irgendwelche Werbeslogans der Bank dient, was hin und wieder Banken zu tun pflegen. Mit dem ersten Blick erkennen Sie, das ist eine echte Banknote. Aber Sie werden keinerlei Regung in sich verspüren, dieses Zahlungsmittel an sich zu reißen. Es gehört Ihnen nicht und Sie wissen, daß es hinter festem Panzerglas versteckt ist.

Am Ende Ihres Spaziergangs lassen Sie sich auf einer Parkbank im nahegelegenen Park nieder und sonnen sich ein wenig in der angenehmen Mittagssonne. Dabei schauen Sie einmal beiläufig zur Seite und sehen zu Ihrem Erstaunen auf der Parkbank eine 1000-DM-Note, die jemand offensichtlich verloren hat. Frage: Wie lange ringen Sie mit sich, diese Note an sich zu nehmen? Wie aufopferungsvoll ist die Handlung, den Arm auszustrecken um die Note zu ergreifen?

Im ersten Fall ging es darum, erst einmal zu erkennen, welche Schätze da auf der Straße liegen. Im zweiten Fall war es für die Reaktion oder auch die ausgebliebene Reaktion wichtig, ob der Zugang zu dem erkannten echten Schatz möglich war oder nicht. Wenn wir stark werden wollen im Glauben, was, wie ich noch einmal betonen möchte, Nehmen heißt, dann bedürfen wir einer exakten Kenntnis über die Natur und den Zugang zu den Schätzen und Angeboten Gottes, die wir ergreifen wollen.

Alle Geschenke Gottes sind atemberaubend schön, aber so wenige nehmen sie. Wie kann das sein? Dahinter steckt die Taktik des Teufels. Er will uns einreden, daß Gottes Geschenke nichts wert seien. Wenn wir unsere Augen von der Offenbarung Gottes nehmen und uns den Zuflüsterungen des Teufels hingeben, werden wir durch seine Lüge beraubt werden. Er sagt: Die Banknoten sind gar kein Geschenk, sie sind unbezahlte Rechnungen, die von uns beglichen werden müssen. Und wenn diese Lüge nicht zieht, dann will er uns weismachen, daß die Angebote Gottes irreal sind. Sie bestehen nur aus Worten und haben keinen praktischen Wert.

Gnade und Glaube

Die beiden biblischen Schlüsselbegriffe Gnade und Glaube stehen in einem unauflösbaren Zusammenhang. Habe ich bis jetzt den Begriff Glauben in einer verkürzten und vereinfachten Form als Nehmen gedeutet, so wird anhand des nächsten nachfolgenden Bibelwortes deutlich, daß Glaube immer das Ergreifen einer bestimmten Kategorie von Angeboten bedeutet.

Römer 4,16
Derhalben muß die Gerechtigkeit durch den Glauben kommen, auf daß sie sei aus Gnaden und die Verheißung fest bleibe allen Nachkommen, nicht denen allein, die unter dem Gesetz sind, sondern auch denen, die des Glaubens Abrahams sind.

Nach diesem Wort ist es offensichtlich, daß der Begriff Glaube nicht nur das Moment des Nehmens enthält, sondern des Nehmens von Geschenken. Dementsprechend beschreibt der Begriff Verheißung ein Versprechen eines Geschenkes. Die Gerechtigkeit Gottes muß deswegen durch Glauben kommen, weil sie aus Gnade uns zuteil wird. Das Nehmen und Beanspruchen, das im Glauben enthalten ist, ist immer ein Beanspruchen von geschenkten Gütern und Qualitäten. Glaube und Gnade gehören unzertrennbar zusammen.

Diese Zusammengehörigkeit der beiden Begriffe wird in diesem Wort an dem Beispiel Gerechtigkeit verdeutlicht. Die Gerechtigkeit, die uns Gott gibt, und die mit das Kostbarste und Erhabenste ist, was überhaupt nur denkbar ist (das Ende aller Schuldgefühle und des Status' der Unwürdigkeit, Gottesferne und Verlorenheit), wird uns zuteil aus Gnade seitens Gottes und durch Glauben auf unserer Seite.

Dementsprechend heißt es in Römer 3,24, daß wir ohne Verdienst gerecht werden aus seiner Gnade.

Wir können nicht mehr tun, als die Gnade annehmen. Wenn wir auf unserer Seite eine eigene Leistung Gott vorhalten oder gegenrechnen, kann uns Gottes Gnade nicht zuteil werden. Sie würde in einem Augenblick ihre Natur als Gnade verlieren, und das Geschenk der Gerechtigkeit wäre eine erworbene Gerechtigkeit.

Ohne Gnade verfehlen wir das Schönste

Der Gnadenbegriff enthält in sich die Voraussetzung, daß kein Verdienst oder Anrecht für eine von Gott gegebene Gabe vorliegt. Auch der biblische Glaube enthält dieselbe Voraussetzung, nämlich daß wir nur das nehmen und beanspruchen können, was geschenkt und kostenlos ist.

Die gesamte biblische Lehre über Nachfolge und jeder Aspekt unseres geistlichen, sozialen und praktischen Lebens basiert auf dieser Vorraussetzung. Alles, was wir empfangen, soll uns im Sinne von Gnade zuteil werden. Das heißt, es ist ein Geschenk. Das betrifft auch die Entwicklung unseres Charakters. Ich zitiere jenes Wort, das uns später noch ausgiebig beschäftigen wird: „Es ist ein köstlich Ding, daß das Herz fest wird, was geschieht durch Gnade" (Hebräer 13,9). Durch Gnade werden wir stark, durch Gnade wird unser Herz fest, durch Gnade werden wir gesegnet, durch Gnade werden wir bewahrt, durch Gnade werden wir geschützt. Das übersteigt das Verstehen des natürlichen Menschen, leider auch das vieler wiedergeborener Christen. Sie fallen immer wieder zurück in die Leistungsmentalität, weil sie es einfach nicht ertragen können oder sich vorstellen können, daß Gott das wirklich meint, daß er uns alles umsonst gibt.

Das Hauptproblem unseres Lebens ist unsere hartnäckige Weigerung, uns ständig beschenken zu lassen, von Gott Wohltaten hinzunehmen oder zu begehren, die wir nicht verdient haben. Wir möchten gerne alles selbst erwerben, alles mit eigener Leistung verdienen und ständig unsere Beiträge geben, um dann unsere eigene Ehre zu bekommen. Aber die Freuden und der Genuß, die uns durch Gnade Gottes zuteil werden, sind unvergleichlich schöner, und sie sind beständig. Gnade fällt so aus dem Rahmen all unseres Denkens, daß man, wenn man sie erst einmal verstanden und erfaßt hat, ihr ergeben sein muß. Das Leben unter den Bedingungen der Gnade ist berauschend schön. Wenn man sie verpaßt, dann verliert man alles. Zwei uns wohlbekannte Beispiele aus der Schrift mögen das kurz illustrieren:

Der reiche Jüngling (Markus 10,17-27) wußte, daß ihm etwas fehlte. Er fragte den Herrn, was er tun müsse, um das ewige Leben zu ererben. Er war ein aufrichtiger, religiös engagierter Mann mit einem hohen sittlichen Niveau. Wie wir wissen, hielt ihm Jesus die Gebote vor, die wir erfüllen sollten. Darauf erwiderte er, daß er alles von seiner Kindheit auf gehalten habe. Als dann Jesus ihm sagte, daß er hingehen und alles Gut verkaufen solle, um den Erlös den Armen zu geben, wurde er unmutig und traurig und ging davon.

Normalerweise wird die Geschichte so von uns Verkündigern dargestellt, daß dieser Mann an seinen Reichtum gebunden war und deswegen nicht ins Reich Gottes kommen konnte. Hätte er sich von dem Besitz, an den er gebunden war, getrennt, hätte er auch ins Reich Gottes eingehen können. Aber das ist eine total verkehrte Deutung der Geschichte, die völlig von dem Element der Gnade absieht.

Jesus sagt, daß es schwer sein wird für die Reichen, ins Reich Gottes zu kommen, vor allem für die, die ihr Vertrauen auf Reichtum setzen. „Es ist leichter, daß ein Kamel durch ein Nadelöhr gehe, als daß ein Reicher ins Reich Gottes komme." Darauf reagierten die Jünger ganz richtig mit der Frage, wer dann ins Reich Gottes kommen könne. Jesus sagt darauf: „Bei den Menschen ist's unmöglich, aber nicht bei Gott, denn alle Dinge sind möglich bei Gott."

Jesus wollte also damit hervorheben, daß es grundsätzlich nicht bei den Menschen möglich ist, mit eigenem Willen, in eigener Kraft und in eigener Leistung ins Reich Gottes zu kommen. Der Fehler des jungen Mannes lag darin, daß er anfangs meinte, mit seiner moralischen Leistungsfähigkeit ins Reich Gottes zu kommen, um dann resignierend festzustellen, daß seine Opferbereitschaft und sittlichen Fähigkeiten nicht ausreichten. Jesus sagt dazu in

Johannes 8,31-32
...Wenn ihr bleiben werdet an meiner Rede, so seid ihr in Wahrheit meine Jünger und werdet die Wahrheit erkennen, und die Wahrheit wird euch frei machen.

Dieses Wort erging an die zunächst Noch-nicht-Freien! Sie, die Unfreien, sollten nur bei seiner Rede bleiben. Also das Gegenteil von dem tun, was der reiche Jüngling tat. Er ging nämlich davon.

Indem wir bei der Rede Jesu bleiben, das heißt, Zeit mit ihm verbringen und bei seinem Wort ausharren, werden wir nach und nach die Wahrheit erkennen (wir sind zu diesem Zeitpunkt immer noch unfrei), und die Wahrheit wird uns dann frei machen.

Wir haben im Kolosserbrief gelernt, daß in der Wahrheit Gnade ist. Nicht wir selbst sollen uns aus den Problemen herauswinden, das soll die in der Wahrheit enthaltene Gnade Gottes tun.

Das Evangelium, das wir von unseren Kanzeln verkündigen, ist immer noch zu stark durchsetzt von dem Appell an unsere eigene geistliche oder moralische Leistungsfähigkeit. Deswegen sind so furchtbar viele Gläubige unfrei und stöhnen und ächzen unter der

Last der Nachfolge. Wir sollen einfach bei der Wahrheit Gottes verweilen, uns mit ihr beschäftigen und uns dabei in sie verlieben. Diese Wahrheit, die wir dann in uns aufnehmen, wird ihre Gnadenkraft entfalten und uns frei machen.

Das zweite Beispiel von der Auswirkung der Gnadenlosigkeit repräsentiert der ältere Sohn in dem Gleichnis vom verlorenen Sohn (Lukas 15,11-32). Ihm gehörte alles, was sein Vater besaß. Dieser sagte ausdrücklich: „Alles was mein ist, das ist dein." Aber der ältere Sohn hat diese Gunst dem Vater nicht geglaubt. Er war von Gnade umgeben. Nach dem Willen des Vaters gehörte ihm alles, aber weil er es nicht fassen und glauben wollte, mußte er dem Vater Tag und Nacht über die Jahre dienen, wozu er nicht aufgefordert war.

Weil er, trotz seines Status' als Kind des Vaters ohne Gnade lebte, war sein Leben gnadenleer. Wollte er einmal eine Freude haben und seine Freunde einladen, bekam er — so klagte er — von seinem Vater nie ein Kalb geschenkt. Welche Verkennung der Verhältnisse lagen bei ihm vor! Er besaß alle Kälber. Sie waren ein Teil der vom Vater gegebenen Gnade. Er war potentiell reich – und doch arm. Er war umgeben von Gnade und doch mißmutig, bitter und mißgünstig.

Am älteren Sohn kann man das Zusammenspiel von Gnade und Glaube besonders gut erkennen. Dieser Sohn des Vaters — ohne Bild: ein seit langem gläubiger wiedergeborener Christ — nahm die ihm zustehenden Güter nicht (er glaubte nicht), weil er die Realität gewährter Gnade mit allen ihren Konsequenzen nicht erfaßt hatte. Deswegen mußte er in harter Arbeit und unter Schweiß, gleichsam in selbsterwählter Mühsal, dem Vater dienen. Zu allem war er innerlich arm und leer, voller Bitterkeit und Unfähigkeit sich zu freuen über die Segnungen anderer und war deswegen auch außerstande, die Gegenwart seines Vaters zu genießen.

Gilt das auch für meinen Leser des Buches? Es gibt viel mehr ältere Söhne Gottes unter den Kindern des Vaters, als wir uns das vorstellen. Die Quote derer, die mit Gnade nichts anfangen können und deswegen alle ihre Segnungen verfehlen, geistlich, seelisch und materiell arm und krank sind, ist ungeheuer groß.

So viele ernsthafte Kinder Gottes haben erhebliche Mühe zu glauben, weil sie die Gnade nicht verstanden haben. Ihnen kommen ihre eigenen Wünsche häufig so groß und unangemessen vor, und sie fragen sich, ob Gott ihre Gebete erhören kann. Aber das ist nicht das Problem. Er hat überhaupt keine Probleme mit der Größe unserer Bitten, nur mit unserem Denken, indem wir in unserer Negativbeurteilung völlig verkennen, daß Jesus ein freigiebiger Gott ist, der gerne große Gaben gibt, weil seine Gnade ihn dazu drängt.

Unsere Glaubensbemühungen werden zäh und schwergängig sein, ja schließlich zur Leistung degenerieren und in ihrer Mühsamkeit nach und nach den Charakter einer Bezahlung annehmen, wenn wir nicht ununterbrochen vor Augen haben, daß alle Geschenke Gottes Ausdruck seiner Gnade sind.

Kapitel 2

Was ist eigentlich Gnade?

Ich will in diesem Kapitel die wichtigsten Merkmale der Gnade, wie wir sie der Offenbarung des Wortes Gottes entnehmen können, aufzählen. Nicht jeden Teil der Definition will ich sofort im Rahmen dieser Auflistung biblisch belegen. Die jeweilige Kennzeichnung eines bestimmten Merkmals der Gnade wird dann später den zugehörigen Schriftaussagen zugeordnet werden.

Die Gnade Gottes ist Ausfluß des Wesens Gottes.

Psalm 145,8
Gnädig und barmherzig ist der Herr, geduldig und von großer Güte.

Gott ist seinem Wesen nach gnädig. Handelt er, denkt er, reagiert er, fühlt er, sieht er, so ist immer die Gnade die Mitte seiner Äußerung und Handlung. Gott fragt unentwegt: Wo ist etwas zu vergeben? Wo kann ich meine Gnade walten lassen. Wer nimmt meine Liebe an, so daß sie dann von mir zu ihm fließen kann. Wo ist eine Möglichkeit, sich zu versöhnen, zu heilen und zu helfen. Gottes Willigkeit, gnädig und barmherzig zu sein, ist stetig da, gänzlich unabhängig von unserer Gemütsverfassung und Willigkeit, sie anzunehmen. Sie wird aber erst wirksam durch unsere glaubende Annahme, hinter der die Einsicht stehen muß: Ich brauche seine Gnade, ich kann mir nicht allein helfen.

Die ununterbrochen von Gott angebotene Gnade, dieser Strom von Barmherzigkeit, Liebe und Zuwendung, der auf unserer Seite keine andere Bedingung sucht und zuläßt außer der, sich von diesem Strom von Wohltaten umspülen zu lassen und seine Geschenke anzunehmen, ist dem natürlichen Menschen letztlich unverstehbar. Gottes Gnade steht so völlig außerhalb unseres Reaktionsmusters und unseres Verstehens und Denkens, daß wir unsererseits die übernatürliche Hilfe Gottes brauchen, um sein eigenes Angebot verstehen zu können.

Alles in uns ist auf Leistung, Bezahlung, Gegenleistung, Entgelt und Verweis auf unsere Fähigkeit ausgerichtet. Wir tun uns ungeheuer schwer damit, Geschenke einfach anzunehmen. Dahinter steht unsere stolze Haltung, die uns sagt: Das darf doch nicht wahr sein, daß ich selbst nichts zu bieten habe, daß ich nichts kann und daß mein eigener Beitrag an Kraft und Fähigkeit nicht gefordert ist. Aber es ist so! Alles andere ist Lüge.

Die Gnade Gottes ist darauf gerichtet, ununterbrochen alles, was es an Negativem, Schuld, Problemen und Nöten gibt, umzudrehen. Sie geht bewußt vom Negativen aus, um dieses in Positives umzuwenden. Die Menschen, leider auch viele Christen, können das so ohne weiteres nicht hinnehmen. Sie wollen bei diesem Geschehen mitbeteiligt sein und versuchen, bei sich Pluspunkte zu finden, um mit ihrem religiösen Verhalten und in ihrer Selbstgerechtigkeit eigene Leistung und Mithilfe beizusteuern.

Es ist die größte Herausforderung für unser Verständnis, hinzunehmen, daß ausschließlich, was von Gott kommt, gut ist, und daß wir selbst nichts beitragen können, was vor Gott bestehen kann.

Gnade ist die Haltung Gottes, in der er unsere Schuld und die Strafe auf unsere Schuld uns einfach erläßt, nachdem wir als die Begnadigten erkannt und erklärt haben, daß dieser Schulderlaß unverdient ist und grundsätzlich nicht verdienbar ist. Die Gnade setzt bei unserer moralischen Verfehlung an, die in erster Linie eine Schuld gegenüber Gott ist.

Gnade ist über den Vorgang der Schuldvergebung hinaus eine Haltung und Handlung des Beschenkens mit allen anderen Gaben und Geschenken, die wir nicht verdient haben, nicht bezahlen können und bezahlen dürfen. Gnade geht also weiter als bis zum Erlaß von moralischer Schuld. Es ist eine Einengung des Gnadenbegriffes, dem viele Christen erlegen sind, daß sie die Gnade nur verstehen als Gottes Maßnahme gegenüber unserer Schuld. Alles, was Gott gibt, ist Gnade. Der gesamte Strom von Leben,

Energie, Freude, Kraft, Erlösung, Hilfe und Gebetserhörung, die von Gott kommt, ist nichts anderes als ein einziger Strom von Gnade.

Zur Gnadenerfahrung gehört auch, daß man weiß, wem man seine Geschenke verdankt, und daß man dementsprechend dem Schenkenden (Gott) seine Anerkennung, seinen Dank und Liebe ausspricht. Indem wir uns nicht nur helfen lassen, sondern anschließend Gott die Ehre geben, tragen wir dazu bei, daß weiterer Nachschub an Gnade zustande kommt und erhalten in uns das Bewußtsein, daß dieser Herr, der uns geholfen hat, noch viele weitere Geschenke bereithält, weil er unausschöpflich und weil er danach begierig ist, uns noch mehr Liebe und Gnade zu erweisen.

Alle Gnadengeschenke Gottes sind kostbar, schön und haben keinen Haken. Sie drücken die Qualität und den Charakter des Gebers aus und sind auch insofern unverfänglich, als sie nicht die Verpflichtung nach sich ziehen, nachher Wohlverhalten zu beweisen. Wir sollen auch nachträglich keine Gnade verdienen wollen, was im Begriff des Wohlverhaltens enthalten ist. Nur Dankbarkeit wird von uns erwartet. Gottes Gnade ist frei von jeglicher Bedingtheit.

Überhaupt ist alles, was gut ist, göttlich und kommt von ihm und ist insofern ein Gnadengeschenk. Gott teilt keine verdienten Produkte aus. Weil aber alles Gute von Gott kommt und Gott nur Gnade gibt, ist alles, was wirklich zählt, ein göttliches Geschenk. Jesus sagt: „Ohne mich könnt ihr nichts tun" (Johannes 15,5 b). Jedes Geschehen und jede Handlung, die frei ist von der Gnade Gottes, ist minderwertig.

Alle Angebote von Gottes Gnade liegen in einer unsichtbaren Vorform vor. Erst durch die glaubende Annahme wird die Gnade ins Sichtbare überführt und damit für uns erlebbar. Glaube und Gnade gehören zusammen. Gnade ist ohne die Glaubensmaßnahme, mit der sie ergriffen und in die sichtbare Erfahrungswelt gezogen wird, nutzlos. Man kann noch so begeistert von der Gnade schwärmen und sich auf der Höhe von Begriffen und Gedanken an ihr erfreuen. Das bleibt alles eine theologische oder verbale Schaumschlägerei, die dann sogar zu einem Ersatz für die Erfahrung werden kann.

Wer im Gebet und durch Glauben nach der angebotenen Gnade Gottes greift, muß wirklich darauf achten, daß er seinen Glauben nicht mit irgendeiner Form oder Maßnahme von Verdienst oder Verweis auf eigene Würdigkeit und Kraft verbindet. Dann wird diese Gnade, unabhängig vom Inhalt – ob es die Gnade der Errettung, der Erfüllung mit dem Heiligen Geist, der Heilung, der Bewahrung und des Schutzes, der Stiftung von Gemeinschaft unter Menschen, der materiellen Fürsorge ist –, sich einfach auflösen. Wer Gnade mit Verdienst verbindet, geht leer aus.

Das ist auch der häufigste Grund, weswegen Menschen, die sich in ganz konkreten Nöten nach Gott ausstrecken, am Ende ohne Segen dastehen. Es liegt nicht immer am mangelnden Glauben. Ich denke, daß die Ursache, die zur Verfehlung von Gottes Geschenken führt, häufiger auf der Gnadenseite liegt als am Mangel an Glauben. Indem wir doch untergründig auf unsere Maßnahmen und Leistungen verweisen und tief in unserem Herzen davon ausgehen, daß wir ja mit unserem Verhalten oder unserer Vorgeschichte etwas beigetragen haben zu dem Handeln Gottes, wird diese Gnade in Frage gestellt und kann nicht wirksam werden.

Natürlich berührt eine solche Grundhaltung auch die Glaubenserfahrung. Denn wer im Verweis auf eigene Kraft und eigene Leistung operiert, geht unvermeidbar auch von eigener Ehre aus. Jesus sagt:

Johannes 5,44
Wie könnt ihr glauben, die ihr Ehre voneinander nehmet?

So führt unsere unzulängliche Haltung gegenüber der Gnade unweigerlich auch zu einer Schwäche in unserer Glaubensbefähigung und -bereitschaft.

Aber wir müssen den Blick dafür freibekommen, daß die allermeisten Probleme, die wir Gläubigen im Umgang mit Gott haben, darin bestehen, daß unsere Beziehung zu ihm und unsere Gebete von tiefeingewurzelten Autonomiebestrebungen durchsetzt sind, die es Gott unmöglich machen, seine Geschenke uns zu vermitteln, weil er grundsätzlich nur auf der Ebene von Gnade handelt.

Jesus, der Gnadengeber, weiß genau, welche Geschenke wir brauchen und bietet uns dementsprechend seine Wohltaten in einer gewissen Reihenfolge an, die von unserem Reifegrad abhängig ist. Diese Reihenfolge, die sinnvollen geistlichen und logischen Gesetzmäßigkeiten unterliegt, entspricht der normalen geistlichen Entwicklung auf unserer Seite. Wer sensibel auf die Regungen des Heiligen Geistes und auf seine eigenen Bedürfnisse eingeht, wird nicht irgend etwas von Gott erbitten, er wird mit seinem Herzen die Anregungen des Heiligen Geistes erfassen und die geistlich sinnvollen nächsten Segnungen erwarten.

Zuerst gibt Gott sein Heil, das heißt, die Errettung durch Jesus Christus und die Gerechtigkeit des Glaubens aus Gnade, dann die Erfüllung mit dem Heiligen Geist, Autorität über den Teufel. Verwandlung des Charakters durch Heiligung, seelische Genesung, Heilung unseres Körpers, soziales Wohlergehen sind weitere Ziele. Dann erst folgt das Angebot von materiellem Segen. Im Einzelfall wird der Heilige Geist die eine oder die andere Segnung vorziehen. Das bekannteste Beispiel dafür ist die missionarische Heilung von einzelnen körperlichen Gebrechen bei Menschen, die dem Reiche Gottes sehr fern stehen und erst durch eine solche initiale Heilung in den Stand gesetzt werden, sich der Wahrheit des Evangeliums zu öffnen und die Erfahrung der Wiedergeburt zu machen.

Weil aber Gnade wohltuend ist und uns aufbauen soll, wird der Herr sich in der Regel an diese Reihenfolge halten. Die Gnade materiellen Wohlergehens und einer finanziellen Segnung, die direkt nach der Errettung uns gegeben würde, würde uns nicht fördern, sondern zugrunde richten. Ein Drogenabhängiger etwa, dem direkt nach seiner Bekehrung zu Jesus als nächster Segen aus der Fülle der Gnade Gottes eine große finanzielle Zuwendung zuteil werden würde, könnte diese Form von Gnade sicher nicht verkraften und würde dadurch zugrunde gerichtet werden, indem er mit großer Wahrscheinlichkeit zu den Drogen zurückgezogen werden würde.

Gott achtet auf das Begehren unseres Herzens, wo immer er nur kann. Aber weil das Gnadennetz, das alle Segnungen für uns enthält nach dem Muster unserer Reife und Verträglichkeit gewebt ist, wird Gott in vielen Einzelfällen uns manche scheinbare

Segnungen vorenthalten, die uns nicht bekommen würden. Aber ich betone es noch einmal: Hinter diesen Vorkehrungen steht nicht ein autoritärer und restriktiver Gott, der in Willkür und Laune uns sein Schema auferlegt. Der Herr gibt nach dem Maß unserer Reife, was jeder Gläubige, der auf Gottes Reden achtet, ebenfalls so sehen wird.

Die Gnade Gottes ist so übernatürlich, sie entstammt gleichsam aus der jenseitigen Welt, so daß wir mit unserem natürlichen Verständnis mit ihr nicht angemessen umgehen können. Wir brauchen zu allen Angeboten der Gottes-Gnade zusätzlich die Gnade Gottes, die uns g n a d e n f ä h i g macht. Der Druck von Not und hilfeerheischenden Umständen reicht nicht aus, um uns auf Gnade vorzubereiten.

Weil aber Jesus gekommen ist, weil das Wort Fleisch geworden ist und unter uns wohnte und wir seine Herrlichkeit gesehen haben, die die Herrlichkeit des eingeborenen Sohnes vom Vater ist, deswegen kann jeder unter uns gnadenfähig werden. Denn Jesus war voller Gnade und Wahrheit.

Johannes 1,17
Denn das Gesetz ist durch Mose gegeben; die Gnade und Wahrheit ist durch Jesus Christus geworden.

Gnade und Wahrheit sind erst durch Jesus geworden, das heißt, in Existenz gekommen und sichtbar geworden, indem sie in Jesus ihre leibhaftige Darstellung und Veranschaulichung erfahren haben. Weil Jesus auf diese Erde gekommen ist, deswegen ist Gnade verfügbar. Durch ihn werden wir befähigt, Gnade anzunehmen. Jesus geht mit uns eine persönliche Beziehung ein, in welcher die Gnade veranschaulicht, verstehbar und in dem personalen Bezug zu Jesus erfahrbar wird.

Weil Jesus gekommen ist, deswegen können wir Gnade nehmen. Was für uns ganz leicht ist (auf sein Wort und aus seinem Wort heraus Gnade zu nehmen), das hat auf seiner Seite einen schweren und schmerzensreichen Prozeß zur Voraussetzung gehabt. Was Jesus uns in Gestalt von Geschenken anbietet, mußte er selbst in einer Reihe von grausamen Stellvertretungsleistungen am Kreuz und nach dem Kreuz erst für uns erwerben. So sind alle Gnadenangebote einzeln durch die Erfahrung seines stellvertretenden Leides gedeckt und von ihm selbst bezahlt.

Die eingefleischte Unwilligkeit und Unfähigkeit des natürlichen Menschen – und weithin auch des wiedergeborenen Christen – sich auf Gnade zu verlassen, ist aber auch durch den Heiligen Geist überwunden worden.

Sacharja 12,10
Aber über das Haus David und über die Bürger Jerusalems will ich ausgießen den Geist der Gnade und des Gebets.

Wir sind nicht darauf angewiesen, daß wir uns aus unserer alten Natur der Leistungsergebung und Leistungsversessenheit selbst herauswinden, um uns nach und nach der Gnade zu überlassen. Der Heilige Geist ist reichlich über die Gemeinde Gottes ausgegossen und wirbt um uns, damit wir die Zisternen voll abgestandenen Wassers, was unsere eigenen Bemühungen und qualvollen Anstrengungen von Selbsterlösung und Selbstverwirklichung sind, hinter uns lassen. Wir müssen uns nicht mehr dieser Mittel bedienen, um gleichsam unseren eigenen Schweiß zu trinken. Der Heilige Geist öffnet unseren Blick für den völlig neuen Lebensstil, der darin besteht, daß wir unverkrampft und ohne Anstrengung uns ununterbrochen beschenken lassen. Das geht zwar gegen unsere alte Natur. Aber diese ist ja überwunden worden durch das Kreuz Jesu. Nun offenbart uns der Heilige Geist das lustvolle Dasein, in Abhängigkeit von ihm von einem Geschenk zum anderen zu gehen.

Der Geist der Gnade ist da, um uns zu überreden, von ihm Gnade zu nehmen. Er öffnet die Augen unseres Herzens und unseres Verständnisses für die unvorstellbar schönen und realen Absichten Gottes, uns alles zu schenken, was wir brauchen und was uns wohltut. Wir müssen uns nichts verdienen.

Ich weiß, das klingt überzogen und ist unfaßlich. Aber das ist der Vorsatz Gottes. Von Anfang an war es so gemeint:

Johannes 1,16
Und von seiner Fülle haben wir alle genommen Gnade um Gnade.

Die ersten Generationen der Gläubigen haben offenbar tatsächlich nur von Gnade gelebt. Das sagt uns das Wort. Sie alle hatten ununterbrochen Gnade um Gnade genommen. Dahin müssen wir zurückkehren. Unser Leben ist zu anstrengend geworden, weil wir den Blick für die Realität von Gnade verloren haben. Weil der Heilige Geist, der ein Geist der Gnade ist, reichlich ausgegossen ist, deswegen können wir uns von unserer stolzen, unabhängigen Selbstverwirklichungs- und Selbsterlösungsmentalität trennen.

Vielleicht bewegen wir uns anfangs noch ein wenig vorsichtig und unsicher auf diesem für uns ungewöhnlichen Grund. Wir alle werden unsere Mühe haben zu glauben, daß das Leben tatsächlich so einfach ist. Wir werden immer wieder von Gedanken ereilt werden: Das kann doch nicht wahr sein, daß wir nur zu nehmen brauchen, ohne es zu verdienen oder mit Wohlverhalten bezahlen zu müssen.

Wir sollen wohl mit Dankbarkeit, Freude und Lobpreis Gottes auf die Wohltaten reagieren. Aber Lob und Dank ist nicht Bezahlung, sondern die angemessene Reaktion dessen, der beschenkt worden ist und sich freut. Er wird, wenn dieser ganze Prozeß aufrichtig ist, nicht anders können, als Gott die Ehre zu geben und ihn laut zu loben und zu preisen.

Wenn Gott uns Gnade anbietet, dann haben wir damit die Gewähr, daß uns wirklich geholfen wird. Gottes Gnade ist nicht eine Gnadenmöglichkeit, sondern eine feste Zusage, die unverbrüchlich ist, hinter der die ganze Entschlossenheit von Gottes Liebeswillen und die Garantie seiner Wahrhaftigkeit und Allmacht steht.

Im Unterschied zu den Gnadenerfahrungen auf Erden, etwa im Bereich der irdischen Gerichtsbarkeit, wird uns die Gnade Gottes in jedem Fall und zu hundert Prozent angeboten.

Die irdischen, politischen oder rechtlichen Instanzen gewähren Gnade im Durchschnitt bei zwei bis drei Prozent aller Gnadengesuche. Nicht so beim Herrn! Er begnadigt immer. Aber verstehen wir uns recht. Ich rede nicht allein von dem Erlaß von Schuld, sondern ich verstehe Gnade als die Gesamtheit aller jener Hilfen und Segnungen, die wir in unserer konkreten Betroffenheit von Not und Mangel brauchen:

Psalm 30,6
...lebenslang währt seine Gnade...

Gott macht keine Ausnahme, er legt nie eine Pause ein. Er überläßt sich nie der Laune seiner göttlichen Willkür (die es gar nicht gibt), daß er etwa sagt: „In diesem Fall will ich mein Kind einmal schmoren lassen, damit er andere Dinge, die wertvoller sind, dabei lernt." Oder: „Hier ist mir nicht danach zumute, sofort einzugreifen." Gott ist ein liebevoller Vater, in dessen Herzen die Summe aller Gnaden konzentriert vorliegt. Er kann nicht anders, als so schnell wie möglich uns zu helfen. Aber das in Abängigkeit davon, daß wir nur Gnade suchen und sie nicht mit eigener Leistung vermengen.

Es gibt ein Recht auf Gnade! Nachdem unser Herr durch seinen Einsatz und durch seine Opfer an Leben, Gemeinschaft mit Gott, uns Reinheit und Gerechtigkeit und alle Gnadeninhalte erworben hat, stehen uns, die wir durch Jesus gerecht geworden sind, alle anderen Segnungen als Gnade zu.

Hier müssen wir begrifflich sehr genau sein und unterscheiden zwischen dem Recht auf Gnade und der Erfahrung der Gnade.

Sind wir Kinder Gottes geworden und gehören kraft der Tatsache, daß wir die Gerechtigkeit Gottes empfangen haben und geworden sind, zur Familie Gottes, dann steht uns mit diesem neuen Status der Zugang zu jeder weiteren Form von Gnade zu. Das Recht auf Gnade bedeutet aber nicht, daß wir uns dieses Recht durch Leistung verschaffen, um uns so die einzelnen Segnungen zu verdienen.

Der Zugang zu den Segnungen geht über das Recht auf Gnade. Wenn wir von diesem Gnadenrecht Gebrauch machen, dann erfahren wir aber inhaltlich die von uns begehrte Segnung tatsächlich nur durch Annahme von Gnade. Alles, was uns Gott gibt, bleibt ein Geschenk.

Deswegen sagt uns das Wort, daß wir nicht nur eine Gnade nehmen sollen, etwa die Gnade der Erlösung, sondern daß wir Gnade um Gnade nehmen sollen. Aber wir müssen nehmen. Ohne Glauben (das heißt nehmen) werden uns die Segnungen nicht zuteil:

Psalm 5,13
Denn du, Herr, segnest die Gerechten, du deckest sie mit Gnade wie mit einem Schilde.

Wenn wir, die durch Gnade gerecht Gewordenen dann mit dem Herrn unser Leben weiter gestalten wollen, sind wir darauf angewiesen, daß uns ununterbrochen zu jeder Handlung, für jede Entscheidung und für jede Maßnahme Gottes Gnade zur Verfügung steht. Wir können nur dann auf Dauer frei bleiben von der Verführung und dem Fluch der Selbstprofilierung und Selbsterlösung, wenn uns ununterbrochen Gnade angeboten wird. Die Gerechten haben ein Recht auf jede weitere Gnade.

So sagt uns dieses Wort aus Psalm 5, daß der Herr die Gerechten durch Gnade schützt. Seine Gnade ist wie ein universales Schild, das uns ununterbrochen bedeckt und uns bewahrt vor allen Angriffen und Listen des Feindes in jeglicher Gestalt.

Eines der großen Probleme der Kinder Gottes, welches uns in der Seelsorge immer wieder entgegentritt, besteht darin, daß sie sich selbst schützen und gegen alle möglichen Gefahren absichern. Aber Selbstschutz ist Beweis einer Haltung von Unabhängigkeit. Damit sperren wir Gott aus und drücken indirekt damit aus, daß wir von ihm keine Hilfe erwarten und daß wir alles selbst machen wollen. So laden wir den Fluch ein.

Gott eifert um uns, daß wir nichts, aber auch wirklich nichts selbst machen und mit eigener Kraft bewirken wollen. Am allerwenigsten sollen wir die Aufgabe der Selbstsicherung übernehmen. Gott will unser Schutz sein, und das, womit er uns schützt, ist seine Gnade.

So ist Gottes Gnade nichts Schwaches und Verletzbares. Sie ist wohl sanft, aber dennoch mächtig und bewahrt uns vor allen Angriffen des Feindes.

Wenn wir uns selbst schützen, dann übergeben wir uns in Wirklichkeit dem Feind. Selbstschutz ist eine törichte Maßnahme, mit der man insgeheim sich aus der Geborgenheit durch Gott herauslöst. Indem man sich selbst sichert, tritt man in die Unabhängigkeit von Gott hinein, die handlungsgleichzeitig das Überwechseln in das Lager des Teufels bedeutet.

Eine Gliederung von bekannten Wahrheiten

Um den größten Gewinn in unserer Nachfolge zu empfangen, ist es hilfreich, die einzelnen Elemente von Gottes Zuwendung und

Handeln an uns begrifflich möglichst genau in ihrem Sinn und ihrer Unterschiedlichkeit zu erfassen. Wir unterscheiden zwischen Gottes Wort, seiner Gnade und der Reaktion darauf, dem Glauben.

Gottes Wort und seine Verheißungen stellen die Summe aller Geschenke und aller Angebote dar, die in Wortform uns vorgelegt werden: Vergebung, Errettung, Sieg über den Teufel, Heilung und Heiligung, Befreiung, seelisches und soziales Wohlergehen, materielle Segnungen und Versorgungen usw. Diese Worte stellen zunächst einmal nur Beschreibungen von Gottes Geschenken dar, die im Unsichtbaren bereitliegen.

Gnade ist die Beschreibung der Rahmenbedingungen, die vorliegen müssen, damit diese Geschenke von Gott an uns weitergereicht werden. Wir müssen zum Beispiel erkennen, daß sie uns gratis gegeben werden, daß ein Verdienst unsererseits ausgeschlossen ist und daß Gott die Ehre für die Segnung zusteht.

Glaube stellt nun die Beschreibung unseres aktiven Nehmens dar. Die Lehre über Glauben, wie wir sie insbesondere im Neuen Testament vorfinden, umschreibt alle Voraussetzungen zum Glauben und die Reaktionen auf das Wort Gottes und die angebotene Gnade, die vorhanden sein müssen, damit wir zur Haltung des Nehmens gelangen können. Wie wir gesehen haben, ist die Voraussetzung zum Glauben die Erkenntnis des Wesens der Gnade. Wer nichts weiß um die einzigartigen Bedingungen göttlicher Gnade, kann schlechterdings nicht glauben.

Gekrönt mit Gnade

Gottes Gnade will uns großmachen, uns aufbauen und erhöhen. Gewöhnlich verbindet sich mit dem Klang des Wortes Gnade die Assoziation von Schwäche, Erbärmlichkeit und dem niedrigen Schicksal eines Gnadenempfängers. Aber das sind alles Gedankenverbindungen, die der Kraft nicht gerecht werden, die hinter der von Gott gegebenen Gnade steht. Hören wir doch auf das, was Gott über seine Gnade sagt und was sie in uns bewirken soll:

> **Psalm 89,18**
> **Denn du bist der Ruhm ihrer Stärke, und durch deine Gnade wirst du unser Haupt erhöhen.**

Psalm 103,4
Der dein Leben vom Verderben erlöst, der dich krönet mit Gnade und Barmherzigkeit.

Gott will durch seine Gnade uns stärken, unser Haupt erhöhen und uns mit Gnade und Barmherzigkeit krönen. Das ist die Antwort Gottes auf die Herausforderung der allgegenwärtigen Gefühle von Minderwertigkeit, Selbstunsicherheit und Imageverlust, unter denen wir alle leiden.

Wir müssen den Zusammenhang erkennen, der zwischen seelischem Krankheitsleid, Minderwertigkeitsgefühlen und Ichschwäche und dem Therapiegeschehen durch Gnade besteht.

Die Summe von allen zerstörerischen Einwirkungen und Liebesdefiziten sowie Verwundungen, Verletzungen und Ablehnung, die uns in der Kindheit durch Eltern und andere Beziehungspersonen zuteil werden, führt immer zu einem Resultat: Wir reagieren auf die erfahrenen Ablehnungen und Beweise von Geringschätzung und Lieblosigkeit mit dem Eindruck, unwert zu sein, unwichtig zu sein und dem Bewußtsein der Minderwertigkeit. Diese bohrenden Unwertgefühle stellen nun den Motor dar, der uns zu Höchstleistungen von Eigenhilfe, Selbstprofilierung und Selbsterlösung treibt (Ich verweise auf die Einzelheiten in meinem Buch „Befreiung", Aufbruch-Verlag, 1989).

Das Bestreben, etwas zu gelten und zu sein, bedeutend zu sein, im Mittelpunkt zu stehen und anerkannt zu werden, ist unausrottbar und unbesiegbar in allen unseren Gedanken und Absichten vertreten. Die einzige Möglichkeit, die es in diesem Universum gibt, diesem Zwang, so denken und handeln zu müssen, zu entkommen, besteht nun darin, daß wir bewußt auf das Angebot Gottes eingehen: „Ich will dich großmachen und dein Haupt erheben. Ich will dich krönen mit Gnade und Barmherzigkeit. Das mußt du nicht selbst machen – es wäre wiederum eine Maßnahme der Unabhängigkeit –, das mache ich für dich. Vertrau dich mir an", so sagt der Herr weiter, „meine Gnade will dich erheben. Ich habe keine Freude daran, dich in Niedrigkeit und im Elend zu sehen. Ich will dich zu Ehren bringen, aber durch Gnade (!), nicht durch deine Leistung."

Wir müssen den einzigartigen und prinzipiellen Beitrag erkennen, den die Gnade für den Aufbau unserer Person leisten kann.

Jede Form der Profilierung und der Gestaltung unseres Lebens außerhalb der Gnade führt uns gradewegs in Sünde und Unabhängigkeit und entfernt uns von Gott. Obendrein übergeben wir uns mit unseren eigenen Maßnahmen der Tortur von energieraubender Anstrengung, Streß und Strapaze. Es geht so viel einfacher durch Gnade.

Insofern ist die Gnade das Therapeutikum für alle seelsorgerlichen Nöte schlechthin. Wer nicht verstanden hat, daß Gott uns zu Ehren bringen und unser Haupt erheben will und daß er dabei ausschließlich Gnade gebraucht, wird nie gesund werden können. Unser verborgenes Streben nach Anerkennung, Ehre und Ruhm wird uns fest im Griff halten und die jeweils Beschwerden erzeugende Symptomatik sichern. Wer aber sieht und glaubt, daß er regelrecht gekrönt werden soll und daß die Gnade ihn erhebt und sichtbar macht vor Menschen, der tritt in die Karriere der Beförderung hinein, die ihn mit Leichtigkeit nach oben bringt. Das Schöne an dieser Form des Avancierens besteht darin, daß das Resultat nicht ein herrschsüchtiger und grausamer Despot ist, der alle anderen unterdrückt oder in seinen Dienst stellt. Weil er mit Gnade und Barmherzigkeit gekrönt ist, wird von ihm Gnade und Barmherzigkeit ausgehen.

Die Lehre über die Gnade als d a s Element unseres geistlichen, seelischen und sozialen Aufstieges gehört mit zu den großartigsten Elementen des Evangeliums und ist die Voraussetzung zu einem sieghaften und entspannten Leben der Freude, des Friedens und der seelischen Gesundheit. Wir dürfen zur Kenntnis nehmen, daß Gott uns nicht unterdrückt und uns im Zustand der Schwäche und Unbedarftheit halten will, damit wir immer ein gehorsamer Kostgänger seiner Gnade bleiben wollen. Das Gegenteil ist der Fall. Gott kennt unsere Bedürfnisse, und sein letztes Ziel mit uns ist, daß er uns ehren will – aber auf seinem Wege, durch Gnade.

Kapitel 3

Der Gnadenmensch – sein Wesen und seine Erscheinung

In diesem Kapitel wollen wir ihn uns ansehen, den gnadenreichen Menschen, der dem Wort gehorsam ist und Gnade auf Gnade nimmt. Zunächst gilt von ihm, was wir bereits gesagt haben: Er wird, er muß zwangsläufig seelisch gesund sein. Wenn wir uns ständig in Gnade bewegen, hat unser Nervensystem keine Chance, mit Krankheitssymptomatik zu reagieren oder im Streß mit Überforderungsmanifestationen zu antworten. Aber seelische Gesundheit bzw. Unauffälligkeit ist noch nicht identisch mit der Erscheinungsweise eines allseitig originellen und vitalen Menschen. Aber genau das will und kann die Gnade mit uns erreichen. Wir finden zurück zu unserer ursprünglichen Originalität und zu jenem Bild, das Gott von uns hatte, als er uns geschaffen hat. Die Gnade befreit uns von allen verfremdenden Lasten, Verschüttungen und Deformierungen unseres Wesens.

Es gibt einige typische Merkmale, die man immer wieder bei Menschen findet, die reichlich von der Gnade Gebrauch machen. Weil Gnade ein anderes Wort für göttliches Leben ist, werden sich begnadete Menschen als allseitig integere und geheiligte Christen erweisen. Davon sei aber jetzt nicht die Rede. Ich will auf die hochspezifischen Auswirkungen hinaus, die ich immer wieder bei Menschen gesehen habe, die ständig in der Gnade leben.

1. Durchgängig begnadete und gnadenreiche Gläubige sind an einer interessanten Auffälligkeit ihres Charakters und ihrer

Erscheinungsweise erkennbar. Sie stellen den perfekten Anti-Hiob-Typ dar. Ihr Wesen ist freundlich, entspannt und natürlich. Das Besondere an ihnen ist eine fast anmutige Leichtigkeit und Fröhlichkeit, die sie mit Toleranz und Wahrhaftigkeit auf der einen und Barmherzigkeit auf der anderen Seite zu verbinden vermögen. Hiob, das ganze Gegenteil davon, war der Selbstgerechtigkeit ergeben. Er mußte alles selbst machen und war Tag und Nacht damit beschäftigt, mit seinem hohen moralischen Leistungsanspruch Gott und seiner Umgebung zu gefallen. Er kannte keine Gnade, weswegen er trotz seiner Freigiebigkeit und seines imponierenden sozialen Verhaltens von Strenge, Starrheit, Furcht und Zwanghaftigkeit gekennzeichnet war. Daran erkennt man den gnadenarmen Menschen.

Die oben aufgezählte Mischung von herrlichen Eigenschaften hat etwas Überirdisches an sich. Man findet sie tatsächlich ausschließlich bei Menschen der Gnade. Die eine oder die andere Eigenschaft aus diesem genannten Spektrum ist gelegentlich auch bei Menschen mit einer glücklichen, natürlichen Veranlagung anzutreffen. Aber das ganze Bild dieser göttlichen Eigenschaften ist geradezu typisch für den Gnadenmenschen.

Der Leser mag an diesen Kriterien entscheiden, wie es mit seinem Gnadenreichtum und Gnadenempfänglichkeit aussieht. Das göttliche Leitbild für die Entwicklung unseres Charakters liegt nicht auf der Seite des asketischen und fanatischen, angespannten Eiferers, der in heiliger Einseitigkeit seinem Ziel nachstrebt und nichts von dem Lebensstil der Leichtigkeit, Entspannung und der Fröhlichkeit aufweist.

2. Wer begnadet ist und Gnade gibt, ist sanft! Sanftmut ist eigentlich nur auf dem Untergrund der ständig beanspruchten und erfahrenen Gnade möglich. Es gibt auch eine säkulare Form von Sanftmut, die aber beim näheren Hinschauen nichts anders ist als eine Spielart von Passivität und Reaktionsträgheit.

Nur wer sich ununterbrochen beschenken läßt und weiß, daß er nicht alle Dinge selbst verfolgen, realisieren und sichern muß, kann es sich erlauben, sanft zu sein. Wenn es ihm widerfährt, daß eine Planung oder aktuelle Handlung durch irgendwelche Umstände durchkreuzt wird, dann wird er nicht bitter, hart oder laut. Er weiß, daß er nicht selbst mit seiner eigenen Leistung für das Projekt verantwortlich ist. Als Gnadenmensch ist das Bewußtsein tief in seinem Herzen verankert, daß die letzte Verantwortung bei Gott liegt und daß von ihm ein ständiger Strom und Nachschub von Gedanken, Plänen, Energie und Gelingen kommt.

Der durch Gnade Sanfte weiß: Gott macht es in jedem Fall gut. Ich kann es mir erlauben, im Anbetracht einer akuten aufgetretenen Störung oder Behinderung nicht auszurasten oder panisch und hektisch mit Verdoppelung der eigenen Bemühungen zu reagieren.

Der Sanfte ist frei von Zorn und Härte, was eine besondere Begründung in seinem Charakter und seinem Reagieren hat. Er hat durch viele Erfahrungen gelernt, daß Gott wirklich die Zügel in den Händen hält, und daß er auf unser sanftes Reagieren auf aufgetretene Störungen besonders deutlich beweist, daß er unerschöpflich ist in seinem Reservoir von Hilfe, Kraft und Beistand.

Wer auf irritierende Ereignisse im Blick darauf, daß Gott alle Verantwortung trifft, gelassen bleibt, erlebt einen doppelten Segen: zum einen den tiefen Frieden in seinem Herzen und die Entspannung aus dem Wissen, daß er nicht alles selbst machen muß, daß er nicht die Hauptverantwortung trägt und sich deshalb nicht ärgern muß, und zum anderen die Erfahrung, wie Gott durch ein Wunder ein solches Geschehen erst recht segnet. Wer an seinem eigenen Werk in seiner eigenen Kraft steht, muß auf Unpäßlichkeiten und Unterbrechungen sauer und ungnädig und mit verdoppeltem Energieeinsatz reagieren.

Der Begnadete ist der Sanftmütige und der Sanftmütige wird das Erdreich besitzen.

3. Der Begnadete kann leicht Schuld zugeben. Das ist eigentlich ein trivialer Sachverhalt, aber mit nicht unattraktiven Auswirkungen. Wer Gottes Wesen kennt und mit seiner Gnade ununterbrochen rechnet, hat es nicht nötig im Fall der Überführung von eigener Sünde sich der Wahrheit zu entziehen. Wer Gnade kennt und sie viele Male in ihren Wohltaten genossen hat, wird dadurch wahrheitswillig und wahrheitsfähig. Das hat einen doppelten Hintergrund.

Erkennt jemand, der in Gnaden trainiert ist, daß er sich in Schuld verstrickt hat und seine eigenen Wege gegangen ist, dann wird er sich gerne korrigieren lassen und die Wahrheit über sich anerkennen, weil er aus Erfahrung weiß, daß eingestandene Schuld mit der nachfolgend angenommenen Wahrheit immer einen Befreiungs- und Segensschub bringt. Er hat nicht Angst davor, daß er sein Gesicht verliert und fragt sich nicht, was die anderen über ihn denken, sondern ihm ist es wichtig, was Gott über ihn denkt und möchte vor ihm wahr werden, damit er nachher ein Mehr an Gnade erlebt. Wer also in Gnade kundig ist, hat nicht nur ein anderes Verhältnis zur Wahrheit, sondern ist auch insofern klug, daß er sich immer wieder der Lust und dem Gewinn aussetzt, die durch angenommene Begnadigung zustande kommen.

Der andere Grund, der den Gnadenkundigen immer wieder veranlaßt, Schuld, die er bei sich sieht, gern einzugestehen und Gnade zu beanspruchen, hat mit der göttlichen Natur der Wahrheit zu tun. Wahrheit und Gnade gehören zusammen. Im ersten Bibelwort, das ich in diesem Buch zitiert habe, haben wir gesehen, daß Gnade in der Wahrheit ist (Kolosser 1,5 b-6). Die Wahrheit ist aber die Beschreibung von allen Segnungen, Wohltaten und Erlösungsfakten, die in der Person Gottes sind und durch sein Handeln für uns freigesetzt worden sind. Wer sich immer wieder der Gnade stellt, wird wahrhaftig. Dem Wahrhaftigen indessen werden die Wahrheiten Gottes zuteil. Er erlebt also die Wahrheit nicht als eine überführende und peinigende Wahrheit, der man sich wohl oder übel stellen muß, sondern auch als ein Angebot von Wohltaten, die für ihn da sind. Insofern ist es verstehbar, daß die gnadenreichen Menschen erkennbar sind an der Leichtigkeit und der Freiheit ihres Auftretens, weil sie durch ihre Wahrhaftigkeit und Ehrlichkeit ununterbrochen göttliche Freiheiten und Befähigungen anziehen.

4. Der Begnadete ist erkennbar an seiner Mitfreude am Glück anderer. Das ist ein hochspezifisches Kriterium für das Maß an Gnade, was in unserem Leben umgesetzt wird. Sehr viele Menschen sind außerstande, sich ehrlich über das Glück und die Freude anderer zu freuen. Hier offenbart sich eine geheime Gesetzmäßigkeit: Wem nichts geschenkt ist, oder besser aus-

gedrückt, wer sich nichts hat schenken lassen und alles selbst erworben hat, der kann die Segnungen anderer nicht ertragen. Nur wer zutiefst davon überzeugt ist, daß er nur aus Geschenken lebt und das auch so erfährt, freut sich in aufrichtiger Solidarität mit dem Glück anderer. Wenn alle Güter und Erfahrungen doch nur das Resultat von eigener Leistung und zähem Bemühen waren, dann wird man das Glück anderer als bedrohlich erleben. Die Ehrgeizigen können demnach sich nicht mit anderen freuen.

Allerdings sind die Unglücklichen grundsätzlich nicht imstande, über das Glück anderer Freude zu empfinden. Sie bewerten das als eine Infragestellung ihres eigenen Lebens und fühlen dabei immer die Frage: „Weswegen widerfährt mir nicht das Gute, das ich bei anderen sehe?"

Das Diagnostikum der Mitfreude hat eine hohe Aussagekraft über das Maß der Gnade in unserem Leben. Was empfindet mein Leser dabei?

5. Nur die Begnadeten sind einheitsfähig. Dieses Merkmal der gnadenkundigen Christen hat eine gewisse Ähnlichkeit mit dem vorherigen Gesichtspunkt. Der Begnadete ist der Beschenkte, der instinktiv weiß, daß nichts, was er hat und worüber er verfügt, auf seine eigene Leistung zurückzuführen ist. Er sieht nicht nur die Herkunft seiner Qualitäten und Segnungen von Gott, sondern er freut sich auch darüber. Sonst könnte er nicht in der Gnade weiter verweilen.

Mit dieser Haltung aber ist die Voraussetzung für eine brüderliche Einheit und spannungsfreie Beziehung zu allen Christen gegeben. Das ist wiederum durch Gnade gesegnet. Der gnadenarme Nachfolger, der sein Lebenswerk mehr oder weniger durch eigene Leistung aufgebaut hat, spürt im Umgang mit Christen aus anderen Gruppen und Denominationen, daß seine eigene Leistung irgendwie nivelliert und indirekt in Frage gestellt oder nicht ausreichend beachtet wird. Er befürchtet, in der Gemeinschaft der Heiligen in seiner besonderen Bedeutung unterzugehen. Weil er ja von dem verborgenen Ehrgeiz getrieben wird, durch eigene Leistungsfähigkeit zu imponieren, scheut er die Solidarität der Begnadeten. Sie stellt sein Werk und seine Überlegenheit in Frage. Deswegen meidet der gnadenarme Nachfolger, auch der gnadenarme Leiter, alle jene Beziehungen zu anderen Christen, in denen durch das herzliche Band von gemeinsamer Gnade sich die gegenseitige Unterordnung und Anerkennung ausdrückt. Mit dem Munde wird er die Einheit der Gläubigen bejahen, aber seine immer wieder vorgebrachten Vorbehalte und sein Meiden der Gemeinschaft mit anderen Christen offenbaren seine wahre Haltung. Selbst wenn er wollte, könnte er nicht anders, solange er ein gestörtes Verhältnis zur Gnade hat. Er muß die Gnade fürchten, denn sie bringt ihn um den Gewinn und die Lust seines eigenen Erfolges, wie er meint.

6. Der Begnadete lebt herrlich sorgenlos. Der letzte Hintergrund für den Lebensstil der Sorgenlosigkeit, der sehr rar unter den Gläubigen ist, ist die Gnade. Der Zusammenhang ist sehr einfach. Wer Gnade nimmt und Gnade erfährt, geht selbstverständlich davon aus und erlebt es auch so, daß Gott aus seinem unerschöpflichen Reichtum an Gutem und Schönem ununterbrochen neue Geschenke austeilt.

Der Begnadete ist nicht lässig oder nachlässig, aber er kennt seine Quellen und weiß, unter welchen Voraussetzungen sie sprudeln. Indem er sich nicht sorgt, drückt er sein Vertrauen darin aus, daß ununterbrochen Gnade vorhanden ist und es insofern keinen Grund gibt, das selbst zu tun wollen, was Gott sich verpflichtet hat, von sich aus und gratis zu geben.

Wir haben in früheren Jahren gelernt zu sehen und zu verkündigen, daß eine wichtige Voraussetzung für faktische Sorglosigkeit ein lebendiger Glaube ist. Das gilt immer noch. Aber der Zusammenhang von Glaube und Gnade, den ich zu Beginn dieses Buches untersucht habe, erweist sich nie stärker als an dieser Stelle. Unsere Glaubensbemühungen, aus dem Zugriff der Sorge herauszukommen, greifen zu kurz, wenn wir kein lebendiges Bild von der Gnade Gottes vor Augen haben, die ihn treibt, für uns zu sorgen. Unser Training, mit welchem wir unsere Nehmfähigkeiten verbessern, erübrigt nicht unser Bemühen, herauszufinden, wo die Schätze sind und wie sie aussehen und welches die Bedingungen ihrer Freigabe sind. In letzter Konsequenz wird, wie wir gesehen haben, nur der Nachfolger glaubensstark sein, der auch stark ist im Umgang mit der Gnade. Es gibt hier keinen echten Gegensatz.

Aber es gibt sehr wohl die Möglichkeit, ohne Kenntnis der Gnade, ein verkrampftes und wildwüchsiges Glaubensgebaren zu entwikkeln, das fruchtlos bleiben muß und allen Bemühungen zum Trotz von Sorgen durchsetzt ist.

7. Zu den weiteren kennzeichnenden Merkmalen der Menschen der Gnade gehört ihr Freisein von Erschöpfung. So viele Menschen, leider sind auch hier die Christen nicht ausgespart, fühlen sich immer überfordert und erschöpft und müssen diesen Tribut an die Leistungs-Gesellschaft zahlen, weil sie selbst diese Mentalität auch in den eigenen Knochen haben.

Wer erschöpft ist, ist es deswegen, weil er immer von seiner eigenen Energie lebt und sich ständig an der eigenen Substanz vergreift. Das trifft auch dann zu, wenn die sichtbaren Resultate vergleichsweise bescheiden sind.

Was ist nun der Hintergrund für diese eigentlich unsinnige Haltung, sich immer an den eigenen Kräften zu vergreifen? Es ist Gnadenarmut, die ihrerseits das Basisprinzip der Unabhängigkeit zur Ursache hat. Wer alles selbst machen will, weil er keinem anderen die Ehre geben will, der kann sich nicht beschenken lassen. Er muß alles selbst tun, was auf Kosten seines Energiehaushaltes geht. Die Folge ist, daß er nach jeder Leistung weniger Energie hat.

Es ist nicht nur von theologisch-theoretischem Interesse zu wissen, wovon diese Grundhaltung gespeist wird. Ich erwähnte es bereits, dahinter steht immer das Konzept der Selbstverwirklichung und der Selbsterlösung, das jeden Zugang zur Gnade verhindert. Der Stolze, der alle Defizite selbst ausfüllt, kann sich nichts schenken lassen. Er darf weder vor sich selbst noch vor anderen den Eindruck aufkommen lassen, daß er einen Mangel habe oder diesem Mangel nicht selbst begegnen könne.

Im geistlichen Stolz und in dem Konzept der Unabhängigkeit ist die seelsorgerliche Not begründet, die sich in stetiger Erschöpfung, Unruhe und auch Hingabestörung äußert. Gnade wäre die Antwort für diese Menschen. Aber so lange sie noch davon überzeugt sind, daß es keinen Ersatz gibt für eigenen Ruhm und Ehre aufgrund eigener Leistung, kann ihnen nicht geholfen werden.

Wer jedoch erkannt hat, daß Gottes Güte und Gnade mehr Lust entbindet, als die raffiniertesten und erfolgreichsten Selbsthilfemaßnahmen herbeischaffen können, der wird diese Position der Gnadenlosigkeit aufgeben. Einmal mehr ist die Alternative für alle Lebensformen, die viel verheißen aber wenig halten, die Verkündigung und die Erfahrung von Gottes Güte und Gnade.

8. Zu den spezifischen Auswirkungen der Lebensweise mit Gnade zähle ich auch die Liebe, die göttliche Agape.

Im 1. Johannes 4,16 spricht Johannes davon, daß wir die Liebe Gottes erkannt und geglaubt haben. Bevor wir die Liebe Gottes im Glauben ergreifen können, müssen wir wissen, wo sie ist und wie wir sie empfangen können. Liebe ist ihrem Wesen nach eine übernatürliche Qualität, die nur geschenkt und nie erworben werden kann. So hat sie große inhaltliche und auch formale Ähnlichkeiten mit der Gnade. Man kann Liebe nur dann annehmen, wenn man zuvor Gnade verstanden, Gnade bejaht und Gnade empfangen hat.

Wer sich nicht beschenken lassen kann, also ein gestörtes Verhältnis zur Gnade hat, ist gänzlich außerstande, Liebe von Gott in Empfang zu nehmen.

Dazu paßt die Erfahrung, daß gnadenarme Menschen sich unfähig erweisen, Liebe anzunehmen und folglich Liebe geben zu können. Die Seelsorge verrät es auf Schritt und Tritt. Wenn Menschen in ihrer Kindheit oder Jugendzeit verletzt worden sind und nicht gelernt haben zu vergeben, können sie nicht lieben. Vielleicht bilden sie sich Liebesgefühle ein oder täuschen sie vor, aber sie wissen nicht, was Liebe eigentlich ist.

Gnade und Liebe sind auch insofern sehr ähnlich, als sie nur dann in Erscheinung treten, wenn sie empfangen und weitergegeben werden. Wem Gnade zuteil geworden ist, aber sich weigert, anderen Gnade zukommen zu lassen, verliert die Gnade. So verhält es sich auch mit der Liebe: Die Liebe bleibt nur so lange existent, wie sie im Fluß ist. Durch Gnade empfangen wir Liebe. Und die aufgenommene und wohltuende Liebe drängt uns, sie weiterzureichen an andere, die sie benötigen.

Die Vorerfahrung zur Liebe ist die Erfahrung der Gnade. Wer mit Gnade nicht umgehen kann, kann Liebe allemal nicht erfahren. Wer sich nicht beschenken läßt, kann keine wirkliche Liebe geben.

Kapitel 4

Die zwei Seiten der Gnade

Wie kann man in Anbetracht von so vielen beeindruckenden Auswirkungen der Gnade an ihr vorbeigehen? Es ist doch eine verhältnismäßig kleine Schar, die die Gnade entdeckt hat und genießt. Oder haben Sie sehr viele Gläubige in Ihrer Umgebung gesehen, die sich unzweifelhaft als Menschen der Gnade ausweisen? Ich sehe folgende Gründe, weswegen Gnade noch nicht als das führende Lebenselixier von den Gläubigen eingenommen worden ist:

Die meisten Menschen kennen schlechthin Gnade nicht als die entscheidende und die überragende Lebensform. Sie ist ihnen einfach nicht als solche vorgestellt worden. Die Verkündiger des Evangeliums, die dafür verantwortlich sind, lesen seit Jahrhunderten die Schrift, aber es scheint auch hier so zu sein, daß es des bestimmten Kairos' Gottes bedarf, bis der Heilige Geist diese einfache Wahrheit wieder freilegen kann.

Vielleicht sind andere auch abgeschreckt worden von der Inanspruchnahme der Gnade und erst recht von dem Lebenskonzept der Gnade und des Glaubens, weil die Beispiele, die sie gesehen hatten, so kitschig und süßlich waren, daß davon keinerlei Reiz zu einem Leben der Gnade ausging. Es gibt in bestimmten pietistischen Kreisen zweifelsfrei eine Form der Betonung von Gnade, die so unattraktiv und so unecht ist, daß man sich kaum des Widerwillens dagegen erwehren kann.

Die Gläubigen sind immer noch darauf erpicht, ihre eigene Ehre durch eigene Leistung zu suchen. Sie konnten es bis jetzt nicht glauben, daß die Lust durch geschenkte Freuden größer sein kann als durch vollzogene Leistung. Auch hinter dieser Fehlentscheidung steht letztlich unzureichende Lehre über die Gnade.

Dann gibt es noch einen weiteren Grund, einen sehr merkwürdigen. Wir bringen es fertig, daß wir die Gnade außer Kraft setzen. Wir sprechen von Gnade, wir beanspruchen Gnade, aber sie zeigt keine Resultate. Es gibt das Kuriosum, daß man Gnade nehmen und doch nicht haben kann.

2. Korinther 6,1-2
1 Als Mithelfer aber ermahnen wir euch, daß ihr nicht vergeblich die Gnade Gottes empfanget.
2 Denn er spricht: „Ich habe dich in der angenehmen Zeit erhört und habe dir am Tage des Heils geholfen." Siehe, jetzt ist die angenehme Zeit, siehe, jetzt ist der Tag des Heils!

Das ist eine merkwürdige Aussage. Gottes Wort warnt uns davor, daß wir vergeblich die Gnade Gottes empfangen. Dieser Satz schließt ein, daß man schon empfangen hat, aber daß sich herausstellt, daß die Gnade Gottes vergeblich, also nutzlos war.

In demselben Sinne enthält auch der nachfolgende Vers einige Merkwürdigkeiten. Gott hat am Tage des Heils geholfen und Gott hat zur angenehmen Zeit erhört. Er hat gegeben, weil wir seine Hilfe brauchten und begehrten. Es ist also Gottes Hilfe angenommen worden, und doch haben wir keine Hilfe empfangen.

Es würde leichter zu verstehen sein, wenn das Wort uns davor warnen würde, nicht vergeblich zu bitten oder um Gnade zu suchen. Aber sie bereits zu haben und dennoch die Warnung zu hören, daß das vergeblich sei, das bedarf der Aufklärung. Wir würden doch sagen, wenn wir die Hilfe angenommen haben, dann haben wir sie. Wenn der Herr erhört hat, dann ist doch die Hilfe da. Wie kann es dann noch einen Grund geben, daß hier etwas vergeblich geschehen ist?

Die Antwort auf diese Frage hängt zusammen mit der Doppelnatur von wirksamer Gnade. Wir sprachen bisher nur davon, daß man und wie man Gnade annehmen kann. Aber das ist nur ein Aspekt von diesem Thema. Das Wort Gottes sagt uns, daß die Gläubigen, die für sich Gnade empfangen haben und sie nicht weiterreichen, ihrer wieder verlustig gehen. Im Römerbrief finden wir die Erklärung zu dieser Eigenschaft der Gnade.

Römer 2,1-3
1 Darum, o Mensch, kannst du dich nicht entschuldigen, wer du auch bist, der da richtet. Denn worin du den anderen richtest, verdammst du dich selbst, weil du ebendasselbe tust, was du richtest.
2 Wir aber wissen, daß Gottes Urteil ist recht über die, so solches tun.
3 Denkst du aber, o Mensch, der du richtest die, so solches tun, und tust auch dasselbe, daß du dem Urteil Gottes entrinnen werdest?

In diesem kurzen Abschnitt herrscht ein seltsam distanzierter Ton vor, den Paulus gegenüber den Gläubigen anschlägt: „Du Mensch" – eigentlich sind es ja seine Brüder und Schwestern, die Mitheiligen und seine Hausgenossen –, „du kannst dich nicht entschuldigen". Formulierungen wie: „Wir wissen aber, daß Gottes Urteil recht ist über die, die solches tun" und „denkst du o Mensch, daß du dem Urteil Gottes entrinnen werdest?" sind im Neuen Testament selten. Was liegt hier vor?

Paulus verweist auf den ernsten Sachverhalt, daß jeder Gläubige, der bei einem anderen Fehler und Sünde sieht und diesen deswegen richtet, sich in eine Position bringt, wo er sich nicht entschuldigen *kann*. Worin liegt der Fehler des Richtenden? Er tut genau dasselbe, was er bei dem anderen sieht, er sündigt, nur mit dem Unterschied, daß seine Sünde die ausgemachte Gnadenlosigkeit ist, die er in bezug auf andere denkt und ausspricht. Ein solcher Mensch zieht nicht nur das Unheil Gottes auf sich, sondern schneidet sich jeden Weg aus seiner Schwierigkeit heraus ab. Richten, Verurteilen und Kritisieren sind nicht gewöhnliche Sünden, sondern Haltungen der Gnadenlosigkeit, die fatale Auswirkungen haben. Indem man sich der Gnadenlosigkeit in bezug auf die Schuld anderer überläßt, beendet man schlagartig bei sich selbst die Gnade und stellt sich in totalen Gegensatz zu Gott, weil man seine Hauptäußerung, zu vergeben und zu entschuldigen, außer Kraft setzt. Selbst begnadigt sein zu wollen und anderen Gnade vorenthalten zu wollen, das ist in den Augen Gottes nicht möglich.

Gott beurteilt uns in seiner Bemessung von Gnade nach unserem Verhalten anderen gegenüber. Es gibt keine Teilung von

Gnade in dem Sinne, daß wir selbst für uns Gnade beanspruchen, aber anderen sie vorenthalten können. Unser Verhalten gegenüber anderen entscheidet, ob wir selbst Gnade empfangen oder nicht. Oder drücken wir es mit den Worten von 2. Korinther 6,1 aus: Die Haltung, ob und wie wir Gnade anderen gewähren, entscheidet darüber, ob die selbst schon empfangene Gnade vergeblich bleibt oder nicht. Jede direkte oder indirekte Entscheidung, durch Richten, Verurteilen, Kritisieren einem anderen keine Gnade zuzugestehen, verändert sofort die Wirksamkeit der für sich selbst beanspruchten Gnade!

Es kommt zu typischen Reaktionen:

- Wir stellen uns in Gegensatz zu dem Charakter Gottes und werden ein Feind seiner Handlungen und Absichten, die darauf ausgerichtet sind, in die Menschheit Gnade hineinströmen zu lassen und die Werke des Teufels, die alle durch Gnadenlosigkeit gekennzeichnet sind, zu zerstören.
- Die eigene empfangene Gnade wird sofort außer Kraft gesetzt, weil wir ihr die Gültigkeit für uns dadurch abgesprochen haben, daß wir sie anderen verwehren.
- Jeglicher Gnadenfluß und Gnadennachschub kommt sofort zum Stillstand. Härte, Bitterkeit, Beherrschungstendenzen und der Zwang, sich von nun ab Lust durch Macht zu holen, kehren ein.
- Es kommt zu der erneuten Aufladung von alter Schuld, die bereits vergeben ist!
- Der Teufel bzw. seine Dämonen bekommen erneut Anrechte.

Das ist ein bemerkenswerter, ja ein alarmierender Vorgang, dessen biblische Untermauerung von mir sofort gegeben werden muß, damit er möglichst nie wirksam wird:

Matthäus 18,32-35
32 Da forderte ihn sein Herr vor sich und sprach zu ihm: Du Schalksknecht, alle diese Schuld habe ich dir erlassen, weil du mich batest;
33 hättest du da dich nicht auch erbarmen sollen über deinen Mitknecht, wie ich mich über dich erbarmt habe?
34 Und sein Herr ward zornig und überantwortete ihn den Peinigern, bis daß er bezahlt hätte alles, was er ihm schuldig war.
35 So wird euch mein himmlischer Vater auch tun, wenn ihr nicht vergebet von Herzen, ein jeglicher seinem Bruder.

Das ist der letzte Teil des Gleichnisses vom Schalksknecht, in dem Jesus darlegte, wie häufig und wie intensiv wir vergeben müssen. Im ersten Teil dieses Gleichnisses schildert Jesus den Fall eines hohen Regierungsbeamten, der vor den König zitiert wird, weil er seine Schulden nicht zurückbezahlt hatte. Auf dessen Bitten und Jammern wird ihm dann seine Riesenschuldensumme erlassen, was er übrigens ohne Bekundung von Dankbarkeit hinnimmt. Kurz danach trifft er einen Schuldner, der ihm eine kleine Summe schuldet. Ohne Erbarmen ergreift er ihn und würgt ihn und fordert, daß er die ihm schuldige Summe zahlen soll. Dieser Beamte bewies keine Geduld und Erbarmen und warf ihn ins Gefängnis, weil er nicht sofort bezahlen konnte.

Als dem König das zu Ohren kam, forderte er ihn vor sich und warf ihm vor (Vers 33), daß er, dem zuvor Erbarmung zuteil geworden war, sich nicht über seinen Mitknecht erbarmt habe.

Jetzt kommt die entscheidende Aussage: „Und sein Herr ward zornig und überantwortete ihn den Peinigern“ – oder auch Folterknechten, wie es im Griechischen heißt, „bis daß er alles bezahlt hätte, was er ihm schuldig war“. Hier haben wir die Aussage, die wenigen bewußt ist, aber viel erlitten wird. Wer nicht vergibt und nicht anderen Gnade gewährt, muß hinnehmen, daß die erlassene Schuld ihm wieder aufgebürdet wird! Der gnadenlose Gläubige, der Kind Gottes geworden ist, erlebt seines Vaters Zorn über sich. Das ist die einzige mir bekannte Stelle im Neuen Testament, wo von dem Zorn Gottes über die Kinder Gottes die Rede ist.

Der Sachverhalt ist eindeutig: Wer nicht vergibt, der muß seine eigene Schuld abzahlen. Er muß büßen. Gnadenlosigkeit ist die größte Torheit, die vorstellbar ist. Man verspielt dadurch alle Vorteile und Segnungen und lädt sich uralte Lasten wieder auf.

In der Reihenfolge der unheilvollen Reaktionen auf eigene Gnadenlosigkeit kommt es am Schluß noch zu einer weiteren verheerenden Auswirkung. Der Herr überantwortet denjenigen, der Gnade verweigert hat, den dämonischen Peinigern, die ihr grausiges Werk der Gefangennahme, des Schlagens, Peinigens und Quälens dann vollführen dürfen.

Im Text heißt es ausdrücklich, daß der Herr, das meint unseren himmlischen Vater, die Peiniger aus der Unterwelt in diesen Dienst stellt. Das ist gewiß schwer verstehbar für uns Christen, die wir zu

Gott als unseren liebevollen himmlischen Vater aufschauen. Wenn wir aber bedenken, was wir mit vorenthaltener Gnade bewirken, dann werden uns die Zusammenhänge doch deutlich und nachempfindbar werden. Wenn wir uns gegen Gnade aussprechen, dann fallen wir Gott in den Arm und nehmen ihm die Möglichkeit, seine Gnade auf unsere Schuld hin wirken zu lassen. Indem wir ihm gleichsam dieses sein göttliches Mittel aus der Hand schlagen, weil wir gegen Gnade votieren, bleibt Gott, seiner Gnade entblößt, nur noch die Möglichkeit, auf die Sünde mit Zorn zu reagieren.

Gott ist dann immer noch der Gott der Güte und der Gnade. Aber wir haben uns entschieden, daß diese Eigenschaften nicht wirksam werden sollen. So muß dann im Hinblick auf die vorhandene Sünde sein Zorn eintreten.

Das sind sehr ernste Zusammenhänge, und wir tun gut daran, uns diese Beziehung von Gnadenlosigkeit und Erfahrung von Schmerz und Pein genau anzusehen, damit wir nicht in diese furchtbare Sünde hineinfallen. Wir müssen wissen, daß unsere Unbarmherzigkeit nicht immer mit lauten Worten und Handlungen vorgetragen wird, sondern sich auf gedanklicher Ebene und im Bereich unserer Stimmungen, Gestik, Mimik, Haltungen und Vermeidungen äußern kann. Gnadenlosigkeit im Bereich des Handelns oder der Handlungsverweigerung nennt die Bibel Unbarmherzigkeit. Für sie gilt dasselbe wie für die ausdrückliche Gnadenverweigerung.

Das Spektrum an Reaktionen, durch welche wir unsere Kritik und Verurteilung ausdrücken können, kann recht umfangreich sein. Es beginnt mit bösen Gedanken, einem inneren Aburteilen oder auch nur der Distanzierung in unserem internen Urteil. Gnadenlosigkeit kann in Gestalt von Kälte, Bitterkeit, Unnahbarkeit, Flucht und Selbstmitleid ausgedrückt werden. Selbst hinter einer ausgewachsenen Depression kann sich ein gnadenloser Anschlag auf die Familie verbergen, mit welchem man die Familienmitglieder terrorisiert und auf eine kunstvolle Art und Weise, die niemand durchschaut, knechtet und peinigt.

Weil unser himmlischer Vater so gut ist und grenzenlos vergibt und begnadigt, sollten wir das Element der Gnadenlosigkeit völlig aus unserem Denken und Reaktionsmuster verbannen. Wie war doch der Fortgang der oben zitierten Stelle aus dem 2. Kapitel des Römerbriefes?

Römer 2,4
Weißt du nicht, daß dich Gottes Güte zur Buße leitet?

Wenn wir anderen Gnade vorenthalten, dann verachten wir den Reichtum seiner Güte, Geduld und Langmütigkeit. Gnadenloses und unbarmherziges Reagieren ist eine Maßnahme der Verachtung gegenüber Gott!

In diesem Zusammenhang bekommt dann das bekannte Wort, daß uns Gottes Güte zur Umkehr leitet, einen ganz neuen Klang. Wenn wir anderen die Chance verwehren, zur Umkehr zu gelangen, dann verstellen wir uns selbst den Weg zur Güte Gottes, durch die wir umkehren können.

Die Gnade Gottes ist ein unaufteilbares göttliches Gut. Was wir empfangen und genießen wollen, sollen wir anderen gewähren. Was wir anderen zugute kommen lassen an Gnade Gottes, wird uns selbst zuteil. Die Gnade Gottes hat diese beiden Seiten, die immer in Harmonie miteinander stehen müssen, damit wir sie selbst genießen können. An dieser Stelle sind besonders wichtige Ergänzungen zur Lehre und Betonung von Glauben angezeigt. Wer mit „seinem" Glauben sich mit aller Macht bestimmte Segnungen aneignen will, wird möglicherweise erhebliche Schwierigkeiten haben, den Segen zu empfangen, was nach seiner Theorie des Glaubensaufbaus und der Glaubensauswirkung gar nicht verstehbar ist. Wir werden die Erträge des Glaubens nur dann einbringen können, wenn wir im richtig verstandenen Glauben die Geschenke Gottes – die Gnadengeschenke sind – richtig handhaben. Es reicht nicht aus, sie für sich selbst zu beanspruchen. Sie müssen weitergegeben werden, damit der Nachschub funktioniert, weil ja genug Gnade von Gott gegeben wird, die dann im Glauben ergriffen werden kann.

Kapitel 5

Der Weg zur Gnade

In einer gewissen Weise bahnt sich die Gnade selbst den Weg zu uns, indem sie sich uns in ihren verheißungsvollen und verlokkenden Angeboten vorstellt. Ich greife zurück auf den ersten Gedanken, den wir im ersten Kapitel untersucht haben: Gnade und Glaube gehören zusammen. Wenn wir die Frage stellen: „Wie gelange ich zur Gnade?" dann könnte die sinngemäße Antwort lauten: „Indem ich Gott seine Gnade abnehme (glaube)." Aber wie komme ich dazu, zu glauben, daß die Gnade für mich vorteilhaft ist? Die analoge Antwort lautet: Indem ich mir die Gnade genau anschaue und dabei Appetit auf sie bekomme. Gottes Gnade empfiehlt sich selbst.

Die Gnade Gottes erzieht uns

Titus 2,11-12
11 Denn es ist erschienen die heilsame Gnade Gottes allen Menschen.
12 Sie erzieht uns (so wörtlich), daß wir sollen verleugnen das ungöttliche Wesen und die weltlichen Lüste und züchtig, gerecht und gottselig leben in dieser Welt.

Die Frage ist, von wem wir uns erziehen lassen wollen? Von den Umständen und leidvollen Erfahrungen, von denen wir Blessuren und unter Schmerzen gewisse Lehren beziehen, oder gleich von der Gnade Gottes, die eine ausgesprochen erziehende Wirkung hat. Doch zunächst einmal ist es wichtig festzustellen, daß die Gnade Gottes vorhanden und für alle Menschen erschienen ist.

Die Gnade Gottes ist da! Somit ist der Weg zu ihr frei. Wir können sie nehmen und wir werden sie nehmen, weil sie für uns von Hilfe ist. Gott erzieht uns durch Gnade, d. h. durch eine Kette von unverdienten Freundlichkeiten. Er tut es mit dem Vorsatz, damit wir nicht die Auswirkungen unserer Fehler bitter erleiden müssen.

Ohne seine Gnade gilt eisern das Gesetz von Saat und Ernte, wonach alle unsere Fehlleistungen und Sünden uns später einholen werden. Wenn wir uns der Erziehungsweise Gottes überlassen, der uns mit Gnade lenkt und erzieht, wird das Gesetz außer Kraft gesetzt.

Es ist schön, sich gelenkt, dirigiert und erzogen zu sehen durch einen Gott, dessen Hauptmotiv Gnade ist. Dann dürfen wir Fehler machen, ohne zu zittern und zu zagen, weil seine Gnade, die wir ausdrücklich einladen, die Folgen unserer Sünde aufhebt. Die Grausamkeit des Lebens, in dem die strenge Kausalität von Aktion gleich Reaktion unerbittlich wirkt, wird durch diese Erziehungsweise Gottes gemildert, ja sogar völlig außer Kraft gesetzt. Aber die Voraussetzung ist die, daß wir uns ausdrücklich zur Gnade bekennen, was auch einschließt, daß wir fortlaufend anderen Gnade gewähren.

Durch ständig erfahrene Gnade werden wir auch davor bewahrt, uns unseren alten Prägungen überlassen zu müssen und das Opfer von verkehrten Lüsten zu werden. Die Heiligung, die unser Charakter erfahren soll, und die in Vers 12 b des Titusbriefes angesprochen ist, ist ohne Gnade ein grausames Geschäft. Ohne Gnade müssen wir manche Wünsche und Regungen in uns unterdrücken, und am Ende schaffen wir es doch nicht. Weil uns aber die Gnade Gottes umhüllt und erfüllt, und weil Gnade ihrem Wesen nach ein Strom von Geschenken und nicht von Verdiensten ist, sind wir fähig, züchtig und gottselig zu leben in dieser Welt, ohne uns in ständiger Anspannung abzumühen.

Gnade ist eigentlich der einzige Grund, zu Jesus zu kommen, bei Jesus zu bleiben und ihn zur praktischen Lebensgestaltung einzuladen.

Wir gelangen zur Gnade durch einen bestechend einfachen Weg: Weil Gottes Gnade so attraktiv, wohltuend, aber auch produktiv und entspannend ist, fühlen wir uns, nachdem wir sie einmal erkannt haben, von ihr angelockt und zu ihr hingezogen. Sich auf den Weg zur Gnade zu begeben, weil sie so angenehm und wohltuend ist, ist nicht nur erlaubt, sondern im Prinzip das einzig legitime Motiv. Das Göttliche ist immer gut und wohltuend, und alles wahrhaft Gute ist deswegen immer göttlicher Herkunft und somit voller Gnade.

Gnade ist die Überwindung des Gesetzes

Der ärgste Feind und der größte Gegensatz zur Gnade ist das Gesetz und die Gesetzlichkeit.

> **Johannes 1,17**
> **Denn das Gesetz ist durch Mose gegeben; die Gnade und Wahrheit ist durch Jesus Christus geworden.**

In diesem Vers werden nicht nur in religionsgeschichtlicher Sicht die Gegensätze aufgezeigt, die zwischen Mose und Jesus Christus bestehen. Es wird damit auch der Gegensatz und die Unvereinbarkeit von Gesetz und Gnade in unserem Herzen hervorgehoben.

Wer im Gesetz bleibt, versteht die Gnade nicht und sieht sie nicht, aber lebt auch außerhalb der Wahrheit. Jesus hat nicht nur Gnade gebracht, sondern durch ihn wurde erst Gnade und Wahrheit. Wer die Gnade nicht hat, erlebt auch die Wahrheit nicht. Denn die Wahrheit ist der Summenbegriff für alle göttlichen Eigenschaften, Handlungen, Angebote und Fähigkeiten, die uns Menschen, den geliebten Geschöpfen Gottes, zur Verfügung gestellt werden. Ein Teil dieser Wahrheit besteht darin, daß alle diese göttlichen Angebote uns als Gnade – also umsonst – zur Verfügung stehen.

Der Weg zur Gnade verläuft über die Frustration am Gesetz und an der Leistung.

In Römer 5,2 wird uns gesagt, daß wir durch Jesus Christus im Glauben Zugang zu dieser Gnade haben, darin wir stehen. Durch Glauben kommen wir also zu Jesus, und durch Jesus erfahren wir Gnade, die uns dann wiederum befähigt, noch besser Jesus zu erkennen und zu ergreifen.

Der Weg zur Gnade ist für denjenigen frei, der am Gesetz und an der Herausforderung, mit moralischem Einsatz vor Gott bestehen zu wollen, gescheitert ist. Die Einsicht in diese Wahrheit öffnet unser Herz für die Gnade und schafft die Befreiung von der Sklaverei der Moral und der Selbstgerechtigkeit. So stelle ich fest, daß hier eine einzigartige und ungewöhnliche Einladung zur Gnade vorliegt: Das Scheitern an ihrem Widersacher, dem Gesetz.

Dem Demütigen gibt Gott Gnade

Bis jetzt hatte ich mich so geäußert, als ob Gott ununterbrochen uns Gnade zukommen läßt und es nur eine Frage unserer Reaktion ist, ob wir darauf eingehen. Das mutete so an, daß nie der Zustand eintreten könnte, daß wir Gnade von Gott begehren wollten, und daß Gott sie gar nicht bereitgelegt hat.

Wenn wir uns die nachfolgenden Schriftworte anschauen, erkennen wir, daß eine solche Möglichkeit durchaus vom Wort Gottes eingeräumt wird.

> **Sprüche 3,34**
> **Er wird der Spötter spotten, aber den Demütigen wird er Gnade geben.**
> **1. Petrus 5,5**
> **Desgleichen, ihr Jüngeren, seid untertan den Ältesten. Allesamt aber miteinander haltet fest an der Demut. Denn Gott widersteht den Hoffärtigen, aber den Demütigen gibt er Gnade.**
> **Jakobus 4,6**
> **Er gibt aber desto reichlicher Gnade. Darum heißt es: „Gott widersteht den Hoffärtigen, aber den Demütigen gibt er Gnade."**

Es können also folgende beide Zustände denkbar sein und werden sicher auch häufig vorkommen:

a) Gott reicht jemandem ununterbrochen Gnade dar, aber er nimmt sie nicht.
b) Der Hoffärtige, der Stolze oder der Unabhängige versucht von Gott irgend etwas zu bekommen, aber Gott verweigert es.

Wenn der Hoffärtige nach Hilfe sucht und von Gott Gnade erbittet – was er eigentlich gar nicht tun kann, oder nur formal, denn seine Grundbefindlichkeit des Stolzes läßt das nicht zu –, dann greift er ins Leere oder ergreift etwas vermeintlich Gnadenhaftes. Es sieht tatsächlich danach aus, daß Gott dem Hochmütigen erst gar nichts anbietet.

Aber wie ist es dann denkbar, daß Gott dem Hochmütigen, den er ja auch liebt und bejaht, widersteht? Er braucht ja dringend Liebe, mehr als alle anderen. Aber er nimmt sie nicht! Seine Haltung läßt es nicht zu, daß er sich eine Schwäche eingesteht oder anderen zeigt. Selbst wenn er Gott um etwas bittet, verharrt er im Zustand der Unabhängigkeit. Seine Bitte ist nicht ein Appell an Gnade, sondern in mehr oder weniger versteckter Weise ein Handelsvorschlag. Er verweist auf seine Qualitäten und erwartet im Hinblick darauf vom Herrn eine göttliche, gnadenvolle Reaktion.

Aber Gott verweigert sich dem Hoffärtigen. Ihm gibt er offenbar gar nicht erst Gnade. Weil Gott unser Motiv sieht und erkennt, daß wir im Prinzip als Stolze und Hoffärtige gar nicht gnadenfähig sind, erspart er sich das Angebot der Gnade, weil es doch nicht zum Erfolg führen kann.

Der Hoffärtige lebt ständig in der totalen Lüge. Er tut so, als ob er der Treueste unter allen Kindern Gottes sei und imponiert mit seiner Hingabe, seinem opfervollen Einsatz und seiner frommen Sprache. Aber bei all dem denkt er an seine eigenen Ziele, er reagiert in den Kategorien seiner Leistung und schöpft aus der eigenen Kraft. Er macht sich und Gott etwas vor und lebt obendrein noch in einem anderen Sinne in der Lüge, als all das, was er insgeheim als seine Leistung ausgibt, schließlich doch von Gott kommt. Denn wenn Gott nur für einen Augenblick seine Hand von ihm zurückziehen würde, so würde er vergehen. Das Wort fragt (1. Korinther 4,7): „Was hast du, das du nicht empfangen hast? Wenn du es aber empfangen hast, was rühmest du dich denn, als hättest du es nicht empfangen?"

Im 1. Petrusbrief empfiehlt uns der Heilige Geist, daß wir uns demütigen, um so Zugang zu der Gnade Gottes zu bekommen. Was bewirkt die Demütigung vor Gott in unserem Herzen und was schließt sie alles ein?

- Wir erklären dadurch unsere Abhängigkeit von Gott.
- Im Verlauf unserer Demütigung werden wir wahrheitsfähig, erkennen unsere Not und gestehen unser Unvermögen ein, uns selbst zu helfen.
- Dementsprechend stellen wir die Suche nach einem eigenen Ausweg ein.

- Zeitgleich mit der Demütigung vor Gott erfahren wir seine Hilfe und Zuspruch und tiefen Frieden, der uns fähig macht, auf einer neuen Ebene, Abenteuer mit Gott zu erleben.
- Wer in ganzer Demut vor Gott lebt und mit ihm geht, erweitert das neue Denken auch in die Kleinigkeiten und praktischen Anwendungsfälle seines Alltages hinein!

Indem wir uns vor Gott demütigen, werden wir gnadenfähig und erleben im nächsten Augenblick, wie wir wie ausgewechselt sind und viele andere Probleme, die scheinbar unverbunden mit der Thematik der Gnade uns belästigten und bedrängten, auf einmal gelöst sind. Zu diesen unerwarteten, aber ursächlich mit der Gnadenthematik zusammenhängenden Begleitsegnungen gehört die Erfahrung, auf einmal Heilsgewißheit zu haben, die über Jahre einem nicht zur Verfügung stand. Ferner stellt sich eine göttliche Ruhe ein, die auch Schlaf- und Hingabestörungen außer Kraft setzt. Hand in Hand damit geht der Zustand der Anspannung und auch der Ereignislosigkeit verloren.

Mit Gnade zu leben ist aufregend und eröffnet die Möglichkeit zu echten Abenteuern. Ich will dem Leser die verborgenen Hintergründe über den Zusammenhang zwischen einer Lebensweise der Unauffälligkeit und eines Lebensstils der Gnadenlosigkeit verdeutlichen. Der Gnadenlose richtet im Entwurf seines Lebenskonzeptes wie auch der Gestaltung des ganz normalen Alltages alles darauf aus, daß er nie in die Verlegenheit kommt, etwas tun zu müssen, was seine eigenen Kräfte übersteigt. Er achtet peinlich darauf, daß sich alle seine Planungen und Maßnahmen in den Grenzen seiner eigenen Fähigkeiten bewegen. In seiner Überlegung gibt es keinen Platz für die Gnade, weil er sich nicht von Fremdhilfe abhängig macht und niemandem, auch Gott nicht, vertraut.

Solche laviert gnadenlosen Menschen leben besonders angepaßt, stellen in den Gemeinden Gottes ein Kontingent von sehr treuen und meist sehr liebenswürdigen Menschen dar. Aber ihre Liebenswürdigkeit zielt nur darauf, von Menschen Gunst zu bekommen, damit diese sich ja nicht gegen sie stellen und ihr System der lückenlosen eigenen Absicherung dadurch gestört werden könnte.

Der konstant unauffällig dahinlebende Christ, die berühmte graue Maus, die unsichtbar ist, selbst wenn sie vor einem steht, hat sich dem Konzept der totalen Selbsthilfe ausgeliefert. Wer so lebt, muß wissen, daß er sich gegen Gott stellt und in kunstvoller, raffinierter Weise seine Unabhängigkeit auslebt. Unauffälligkeit ist eine Manifestationsform der Unabhängigkeit und der Gnadenlosigkeit. Wer kann daran noch Gefallen finden, nachdem er das einmal durchschaut hat.

Laß dich begehren

In einem vorherigen Kapitel war davon die Rede, daß es einen Weg von der Gnade zur Liebe gibt. Nach den dort gewonnenen Erkenntnissen ist das Annehmen und das Geben von Gnade die Voraussetzung zur Liebe. Im folgenden Vers, der eng verknüpft ist mit dem Prinzip der Demut als Voraussetzung zur Gnade, wird ein gegensinniger Weg aufgewiesen, der dennoch nicht im Widerspruch zu dem bisher gewonnenen Verständnis von Gnade und Liebe steht:

Jakobus 4,5-6
5 Oder meint ihr, die Schrift sage umsonst: Der Geist, den Gott hat in uns wohnen lassen, begehrt und eifert?
6 Er gibt aber desto reichlicher Gnade. Darum heißt es: „Gott widersteht den Hoffärtigen, aber den Demütigen gibt er Gnade."

Die Botschaft dieses wunderbaren Wortes Gottes lautet: Laß dich vom Heiligen Geist begehren und lieben. Gib dich ihm hin, so gibt er dann um so mehr Gnade. Die Geliebten, exakter die vom Heiligen Geist Geliebten, werden durch die angenommene Liebe, der sie sich hingeben, gnadenfähig. Aber nicht nur das, auch auf Gottes Seite gibt es dann eine Steigerung von Gnade, wenn wir uns vom Heiligen Geist begehren und lieben lassen.

Das ist ein hochinteressanter Zusammenhang von großer praktischer Bedeutung. Der Heilige Geist ist nun einmal eine Person und nicht ein Prinzip. Prinzipien können nicht lieben. Aber vom Heiligen Geist wird hier gesagt, daß er um uns eifert und uns begehrt. Er sucht die Gemeinschaft mit uns, um uns zu bereichern, um uns Gnade zu geben, um uns zu lieben.

Die wunderbaren, Segen bereitstellenden Zusammenhänge sind hier dicht gepackt: Der Hoffärtige schließt sich aus von jeder

Erfahrung von Hilfe und Gnade, weil er sich nicht eingestehen kann, daß er Mängel hat und daß er Hilfe braucht. Der Demütige bekommt Gnade. Der Demütige ist aber auch der Geliebte, das heißt derjenige, der Liebe annimmt. Wer sich vom Heiligen Geist lieben läßt, der bekommt aber noch mehr Gnade.

Es ist nicht gefährlich, sich vom Heiligen Geist lieben zu lassen. Er eifert zwar um uns, will uns haben und sogar über uns verfügen. Aber das geschieht im Rahmen einer unbeschreiblichen Zartheit und in der Abwesenheit von jeglicher Form der Manipulation. Die Gnade wird uns über den Heiligen Geist gereicht. Indem wir seine Gnade, die voll von Liebe und Zartheit ist, annehmen, bekommen wir mehr Gnade und werden die Lust der Gemeinschaft mit ihm als so schön empfinden, daß wir noch leichter auf unsere Unabhängigkeit verzichten, um dadurch wiederum eine Steigerung von Liebe und Gnade zu empfangen.

Wer diese Zusammenhänge durchschaut hat – und der Heilige Geist will sie jetzt dem Leser beim Lesen nahebringen –, der wird einen mächtigen Sog in sich wahrnehmen, diese Gnade zu suchen, um sich allein von ihr abhängig zu machen. Ich kann mir kaum einen schöneren Weg zur Erfahrung von Gottes Gnade vorstellen als den hier aufgewiesenen über die Annahme von Gottes Liebe. Sie macht es uns leicht, von der Unabhängigkeit abzusehen und uns Gnade erleben zu lassen.

Der ungewöhnliche Ursprung unserer Gnadenerfahrung

In dem nachfolgend zitierten Schriftabschnitt aus dem 5. Kapitel des Römerbriefes wird ein scheinbar komplizierter Zusammenhang uns dargestellt, der die allerschönsten praktischen Auswirkungen hat. Ich bitte deswegen den Leser, diesen Text sehr sorgfältig durchzuarbeiten.

Römer 5,14-18

14 Gleichwohl herrschte der Tod von Adam an bis auf Mose auch über die, die nicht gesündigt hatten mit gleicher Übertretung wie Adam, welcher ist ein Bild des, der kommen sollte.

15 Aber nicht verhält sich's mit der Gabe wie mit der Sünde. Denn wenn an eines Sünde viele gestorben sind, so ist viel mehr Gottes Gnade und

Gabe vielen überschwenglich widerfahren durch die Gnade des einen Menschen Jesus Christus.
16 Und nicht ist die Gabe so gekommen, wie durch den einen Sünder das Verderben. Denn das Urteil hat aus des einen Sünde geführt zur Verdammnis; die Gnade aber hilft aus vielen Sünden zur Gerechtigkeit.
17 Denn wenn um des einen Sünde willen der Tod geherrscht hat durch den einen, wieviel mehr werden die, welche empfangen die Fülle der Gnade und der Gabe zur Gerechtigkeit, herrschen im Leben durch den einen, Jesus Christus.
18 Wie nun durch eines Sünde die Verdammnis über alle Menschen gekommen ist, so ist auch durch eines Gerechtigkeit die Rechtfertigung zum Leben für alle Menschen gekommen.

Es wird in diesem Wort eine Gegenüberstellung von Sünde und Gnade vorgenommen. Zunächst wird gar nicht richtig offensichtlich, worauf der Apostel Paulus hinaus will und was die praktische Nutzanwendung seiner Argumentation ist. Aber wenn man sich betend in diese Gedankengänge hineinbohrt, dann verlieren sie den Geruch des Abstrakten und Theoretischen.

Der Gedankengang ist folgender: Durch eines Menschen Sünde (Adam) ist das Verderben, der Tod und die Verdammnis auf viele, ja alle Menschen, gekommen. Soweit das Prinzip der Sünde und der Weg der Sünde. Nun kommt das gegenläufige Prinzip der Gnade. Aus vielen Sünden von vielen Menschen kommt durch die Gnade des einen (Jesus) Gerechtigkeit, Leben und Herrschaft im Leben für uns alle. Sage ich es mit eigenen Worten: Die Sünde nahm ihren Ausgang von einer Person und verbreitete sich über die ganze Menschheit. Die Gnade wird uns zwar von einer Person vermittelt, natürlich durch Jesus, aber sie setzt bei vielen Sünden an, um aus vielen Sünden viel Gerechtigkeit, viel Leben und viel Herrschaft im Leben freizusetzen. Der entscheidende Gedanke ist dabei der, daß Gnade immer bei der Sünde anfängt, so daß viele Sünden viel Gnade bewirkt. Das ist ein berückend schönes Prinzip. Preis dem Herrn dafür.

Gott lockt uns, aus allen unseren Niederlagen, Versäumnissen und Sünden heraus in das göttliche Leben und in den Sieg hineinzusteigen, indem wir gemäß seiner ewig festgelegten Wahrheit durch Gnade aus dem Minussachverhalt jeweils eine positive Erfahrung machen. Das kann Gnade, das ist ihr eigen!

Somit ist auch zu verstehen, daß wir zur Fülle der Gnade und zur Fülle der Gabe der Gerechtigkeit gelangen sollen, weil wir aus der Fülle der Sünde herkommen. Die Gnade ist ein atemberaubendes göttliches Angebot. Wir sollen zwar nicht, um mehr Gnade zu empfangen, mit Bedacht und Vorsatz sündigen. Aber wenn Sünde vorliegt, können wir uns demütigen, uns zur Wahrheit stellen und dann die Gabe der Gnade in ihrer ganzen Fülle und mit ihr verbunden die Gabe der Gerechtigkeit empfangen.

Weil Gnade die Beschreibung von göttlichem Leben ist, werden wir auf diesem Wege in diesem Leben durch Jesus herrschen. Durch Gnade zu herrschen, das mutet wie ein Widerspruch in sich selbst an. Möglicherweise denken wir bei Nennung des Begriffes Herrschen in den Kategorien von Gewalt, Unterdrückung, Härte und Anwendung unserer Ellenbogen, um durch Angst und erzwungene Überlegenheit andere uns untertan zu machen.

Aber es gibt auch eine andere Form des Herrschens, nämlich die der faktischen Überlegenheit und der Kraft der Qualität. Eine solche Qualität bietet uns Gott an durch seine Liebe, seine Weisheit, seine göttlichen, übernatürlichen Kräfte, mit denen wir in unserer Umwelt Leben schaffen, aufbauen, heilen, den Menschen den Weg zu Gott und zu richtigen Entscheidungen aufweisen und somit für alle unübersehbar ein Bringer von Segen und Wohlergehen sind. Wer sich in dieser Lebensqualität bewegt, der ist dazu bestimmt, aufzusteigen, gesehen zu werden, Gutes zu stiften und durch Segen im Leben zu herrschen. Diesen Gedanken greift der Römerbrief auf:

Römer 5,21
... auf daß, gleichwie die Sünde geherrscht hat zum Tode, so auch herrsche die Gnade durch die Gerechtigkeit zum ewigen Leben durch Jesus Christus, unseren Herrn.

Das Original von Kraft und Herrschaft ist die göttliche Gnade. Der billige Ersatz ist unsere weltliche Form des Herrschens über den Weg der Gewaltanwendung, der Unterjochung und des Unterdrückens.

Nun liegt die Entscheidung bei dem Leser, daß er diese biblische Lehre als für ihn maßgebliche Wahrheit anerkennt. Wer unserem Herrn glaubt, daß er hier grundlegende Wahrheiten und

Prinzipien entwickelt hat, mit denen wir unser Leben gestalten sollen, der kann im Anbetracht solcher Aussichten nicht gleichmütig und distanziert bleiben. Was für eine einzigartige Einladung an uns. Durch Gnade sollen wir herrschen. Und wir sollen die Gnade immer dort ansetzen lassen, wo wir Sünde bei uns finden. Dieses Prinzip macht uns sprachlos. Es ist von typisch göttlicher Art. Wo nichts ist, ja sogar Verderben ist, dort will der Herr sein Leben schaffen. Im Alten Testament nannte das der Psalmschreiber wie folgt: „Gott kommt daher von der Wüste." Darf er Ihre Wüste verwandeln?

Sünde macht die Gnade mächtiger

Eng verbunden mit dem eben genannten Prinzip und gleichsam eine Verlängerung dieser Wahrheit ist folgende Aussage:

> **Römer 5,20 b**
> **Wo aber die Sünde mächtig geworden ist, da ist die Gnade viel mächtiger geworden.**

Diese Aussage ist zunächst einmal auf der Linie der eben gemachten Entdeckungen zu verstehen. Gott setzt bei der Sünde an, um durch Gnade sie nicht nur zu tilgen, sondern sie zum Segen zu verwandeln. Aber damit ist noch keineswegs die ganze Kraft dieses Wortes erschlossen.

Der Heilige Geist legt Wert darauf, festzustellen, daß in Abhängigkeit von dem Ausmaß der Sünde die Gnade mitwächst. Je mächtiger die Sünde, um so größer, ja überproportional vermehrt, wird von Gott uns Gnade gegeben.

Das setzt aber voraus, daß wir nicht die Gnade mit Mutwillen strapazieren, indem wir bewußt sündigen. Hier ist die Rede von der Sünde, die schon da ist und die uns immer wieder gegen unseren Willen in die Knie zwingt (Römer 7,17-20). Wo in diesem Sinne die Sünde herrscht, da gibt es eine Steigerung des Gnadenangebotes Gottes, so daß aus einem besonders bösen Zustand ein besonders strahlender Sieg Gottes entsteht.

So sind wir aufgefordert, unsere Hoffnung auf die Gnade Gottes zu setzen und ausschließlich ihr zu vertrauen.

Wenn Sünde vorliegt und wir durch Gottes Unterstützung wahrhaftig werden, so daß dann Gnade hinzutritt, dann manifestiert sich Gottes Gegenwart und Energie, die uns zu den erhabensten Erfahrungen von Gottes Liebe und Kraft entfesselt und freisetzt.

Wenn wir diese göttliche Offenbarung über Gnade mit einem Satz zusammenfassen, dann können wir sagen: Unsere Sünde soll von Gottes Sicht eine Einladung sein, zur Gnade zu greifen. Gottes Gnade verfügt, weiß Gott, über einen seltsamen Werbeagenten!

Voll Glaube und voll Gnade sein

Wir haben bisher so argumentiert, daß unser Glaube mit der Einsicht in die Natur und in die Einzigartigkeit der Gnade wächst. Je mehr wir den Wert von Gottes Gnadenangeboten sehen, um so mehr werden wir uns herausgefordert fühlen, sie umzusetzen. Aber das Wort Gottes zeigt uns auch einen gegenläufigen Weg auf.

Apostelgeschichte 6,3-5.8
3 Darum, ihr lieben Brüder, sehet euch um nach sieben Männern, die einen guten Ruf haben und voll heiligen Geistes und Weisheit sind, welche wir bestellen mögen zu diesem Dienst.
4 Wir aber wollen anhalten am Gebet und am Amt des Wortes.
5 Und die Rede gefiel der ganzen Menge wohl; und sie erwählten Stephanus, einen Mann voll Glaubens und heiligen Geistes, und Philippus und Prochorus und Nikanor und Timon und Parmenas und Nikolaus, den Judengenossen von Antiochien.
8 Stephanus aber, voll Gnade und Kraft, tat Wunder und große Zeichen unter dem Volk.

In den Tagen, als in Jerusalem der Jünger viele wurden, sahen sich die Apostel genötigt, Diakone einzusetzen, um von bestimmten Aufgaben befreit zu werden. Die Gemeinde wählte gemäß dem vorgegebenen Maßstab Männer unter sich, die einen guten Ruf haben und voll heiligen Geistes und voll Weisheit sein sollten. In der Aufzählung der ausgewählten Brüder fällt Stephanus auf, von dem als einzigen gesagt wird, daß er ein Mann voll Glaubens war.

Jemand, der voll Glaubens ist, nimmt Jesus bedingungslos alles ab, was er hat und anbietet. Deswegen bekam augenscheinlich Stephanus mehr als die anderen, weil Gott seine Haltung des geistlichen Hungers, der Begehrlichkeit und des Vertrauens sah. So heißt es von ihm (Vers 8), daß Stephanus nicht nur voll heiligen Geistes, voll Weisheit und darüber hinaus voll Glaubens war, sondern daß er deswegen auch voll Gnade war und daß er durch die Gnade Kraft bekam, Wunder und große Zeichen unter dem Volk zu tun. Ich glaube, daß der Zusammenhang offensichtlich ist und einfach nicht übersehen werden darf.

Wenn Gott sieht, daß wir treu sind im Umgang mit dem Glauben, der ja letztlich auch von ihm kommt, indem wir den Glauben reichlich gebrauchen, dann fördert er ihn nicht nur, sondern gibt uns auch vermehrt das Substrat des Glaubens, seine Gnade in Fülle. Voll Glaubens sein heißt, voll von Gnade werden. Wenn wir durch Glauben Gott gefallen, dann läßt uns Gott die ganze Fülle der Gnade zuteil werden. Gott fühlt sich geehrt, wenn wir die Haltung beweisen, daß wir alle Angebote, die er uns unterbreitet, mit Freuden ihm abnehmen. Deswegen kann uns Gott dann auch mehr anvertrauen, was immer die Qualität der Gnade in sich tragen wird.

Durch Gnade wird die Sünde entmachtet

Ich kehre zurück bei meinen Gedanken und Variationen über die Gnade im Licht der biblischen Offenbarung zu dem Hauptübel, das sich immer wieder der Gnade entgegenstellt, aber von ihr überwunden worden ist: zur Gesetzlichkeit. Sie versteckt sich hinter vielen Gesichtern und Erscheinungsformen und untergräbt unsere geistliche Gesundheit und unser Lebensglück. Es gibt indessen eine Form der Gesetzlichkeit, die sich in bürgerlicher Harmlosigkeit äußert, frei von jeglichem Verdacht der Anrüchigkeit zu sein scheint und sich geradezu als Tugend anbietet. Ich rede von dem eifrigen, arbeitsamen und strebsamen Christen, der mit ganzer Hingabe und Engagement dem Guten zum Durchbruch verhelfen will. Möglicherweise ist er auch bemüht, die Gnade Gottes zu forcieren. Er wirkt nicht gesetzlich, aber sein ganzes Leben ist doch gekennzeichnet von Anstrengung, Leistung und Entbehrung.

In dieser Haltung kann sich sehr wohl Selbsterlösung und Selbstverwirklichung ausdrücken, ohne daß wir das merken. Es gibt eine Form des Gehorsams unter Christen, der nicht aus Glauben – sprich aus Gnade – kommt und Gott nicht wohlgefällig ist.

Galater 5,4
Ihr habt Christus verloren, die ihr durch das Gesetz gerecht werden wollt, und seid aus der Gnade gefallen.
Galater 2,21
Ich werfe nicht weg die Gnade Gottes; denn wenn durch das Gesetz die Gerechtigkeit kommt, so ist Christus vergeblich gestorben.

Das Gesetz und die Gesetzlichkeit können sich hinter der Fassade von bürgerlicher Wohlanständigkeit und christlichem Eifer verbergen. Aber dabei kann man Christus verlieren. Das ist kaschierte Unabhängigkeit, das ist Sünde.

Aber die Gnade ist noch mächtiger. Erst überführt sie uns, daß sie schöner und lustvoller ist als alle Freuden, die wir uns durch Selbstverwirklichung verschaffen. Dann offenbart sie ihre Macht über die Sünde, indem sie ihr den Zutritt zu uns verwehrt. Wer von der Gnade erfüllt ist, der kann von der Sünde nicht beherrscht werden.

Römer 6,14
Denn die Sünde wird nicht herrschen können über euch, die ihr ja nicht unter dem Gesetze seid, sondern unter der Gnade.

Die Sünde kann nicht über uns herrschen , wiewohl sie es gerne wollte, wenn wir nicht mehr unter dem Gesetz stehen, sondern die Gnade entdeckt haben und aus Gnade leben. Das ist ein Wort, das für uns geschrieben ist, die wir heute auf dieser Erde wohnen. Es gibt eine Lebensweise, in der man nicht mehr von der Sünde beherrscht werden kann. Wohl mag sie dann und wann uns noch überraschen, was aber kein Problem ist, weil sofort Gnade zur Verfügung steht, um uns zu entsündigen. Aber ihre Herrschaft, die systematische Kraft, uns zu demütigen und in Abhängigkeit zu bringen, ist gebrochen, wenn wir unter der Gnade sind. Die Gnade entfaltet eine ganz einzigartige Macht und sanfte Kraft in uns, die vor allem darin besteht, daß wir nicht mehr ansprechbar werden für die Verführung der Gesetzlichkeit und die Anregung, mit moralischen Höchstleistungen, Gott gefallen zu wollen. Wenn wir von Gnade erfüllt sind, dann ist es so, als ob unsere geistlichen Rezeptoren besetzt sind und der Feind auf dem Wege der Versuchung zur Selbsterlösung und Selbstdarstellung uns nicht mehr ansprechen kann.

Wir haben gelernt, daß die Gnade in der Wahrheit enthalten ist, die im Wort des Evangeliums uns gegeben wird (Kolosser 1,5+6). Wenn das Wort Gottes in uns ist, dann sind wir dementsprechend mit Gnade gefüllt. Das wußte David, deswegen hat er unter der Inspiration des Heiligen Geistes folgendes Wort formuliert:

> **Psalm 119,11**
> **Ich behalte dein Wort in meinem Herzen, damit ich nicht wider dich sündige.**

Das Wort ist also der führende Gnadenlieferant. Viel Wort Gottes im Herzen zu haben, heißt viel Gnade in sich zu tragen. Aber auch umgekehrt gilt der Schluß: Ohne Wort Gottes ist keine Gnade in uns.

Wer als Nachfolger Jesu nach vielfältigen Bemühungen, sich gegen die Sünde zur Wehr zu setzen und nach unzähligen Malen des Scheiterns dieses Wort entdeckt, wird ihm verfallen sein. Wir sollen uns nicht mehr abmühen im Kampf gegen die Sünde, sondern dafür sorgen, daß durch das Wort Gottes die Gnade unseres Herrn reichlich in uns ist. Die Gnade wird es dann machen, nicht wir selbst, daß die Sünde ihre Macht über uns verliert und wir in die Freiheit hineintreten.

Kapitel 6

Aus Gnade leben

Die Formulierung der Kapitelüberschrift ist eine in christlichen Kreisen wohlvertraute Formel. Aber was sagt sie wirklich aus?

Die Konsequenz aller bisher aufgezeigten Fähigkeiten und Auswirkungen der Gnade muß doch die sein, daß man auf alle anderen Stimulanzien und Hilfsmittel verzichtet. Wenn Gnade sogar imstande ist, uns unansprechbar für die Sünde zu machen, uns aus dem Fluch der Unabhängigkeit von Gott, des Lebens in eigener Kraft und der Aufstellung von immer neuen Leistungsmaximen zu befreien, wenn sie so viel Frieden und Entspannung, Leichtigkeit und Freude, Segen und Liebe freisetzt, gibt es dann einen Grund, einem anderen Ideal oder einem anderen Weg zu folgen?

Es drängt sich die Frage auf, ob Gott will, daß wir allein aus der Gnade leben sollen. Die Antwort kann nur lauten: Ja, so ist es. Für uns ist ausschließlich die Gnade als Lebensmittel reserviert:

1. Petrus 1,13
Darum so begürtet die Lenden eures Gemütes (Verstand oder Denken), seid nüchtern und setzet eure Hoffnung ganz auf die Gnade, die euch dargeboten wird in der Offenbarung Jesu Christi.

Wer sich ausschließlich auf die Gnade verläßt, beweist damit Vernunft und Nüchternheit. Wir sind so sicher und stark, wie die Grundlagen unseres Lebens sind, auf denen wir ruhen. Gnade gewährt uns die größte Sicherheit, denn das Leben unter der Gnade Gottes sorgt dafür, daß sich ein anderer für uns bemüht – Gott. Das ist klug. Deswegen werden wir aufgefordert, ganz auf die Gnade Gottes zu hoffen. Auch wenn im griechischen Text das Wort „ganz" nicht vorliegt, so ist es vom Zusammenhang und vom Satzaufbau her doch gemeint.

Es ist vernünftig und klug, mit der Gnade zu rechnen, weil sie auf ewig feststeht, wie es Psalm 89,3 sagt. Die Gnade ist uns garantiert, sie ist verläßlich, sie ist beständig und unerschütterlich. Sie wartet darauf, von uns für alles gebraucht zu werden. Sie sorgt für Stabilität und Gelingen. Aus teuflischer Quelle wird uns in Gestalt von Stimmungen und vagen Gefühlen ein unscharfes und unzureichendes Bild der Gnade im Sinne von einer schwankenden und unsicheren Hilfe gemalt. Aber Gnade ist das Beständigste, was es auf dieser Welt gibt, weil sie direkt im Charakter Gottes verankert ist. Sie wird wirksam, wenn wir darauf hoffen. Davor ist sie nur vorhanden.

Deswegen sollen wir bei allem, was wir unternehmen und bevor wir schon etwas planen, auf die Gnade rechnen. Unsere Überlegungen sollten von vornherein der Gnade Platz einräumen, indem wir die kommenden Aktivitäten nicht nach dem Maß unserer Kraft bemessen.

Der entscheidende Faktor in allen unseren Überlegungen und Planungen sollte dieser konstante Gnadenfaktor sein. Wenn wir ihn nicht einbauen, nehmen wir indirekt von ihm Abstand. Wir sprechen uns dann gegen Gott aus und reihen uns in die Menge jener Gläubigen ein, die mit dem Munde Großes reden, aber in der Praxis Gott aussperren. Möglicherweise war das bisher unsere Lebensweise.

Aber heute sollten wir beginnen, uns selbst eine Umerziehung zu verordnen, die uns zu Menschen der Gnade macht, so daß wir nur noch mit Gnade rechnen. Ein solches Lebenskonzept ist revolutionär und wird alles in unserem Leben verändern. Bevor ich noch einmal die Schritte aufzähle, die zur Realisierung von Gnade in unserem Leben führt, will ich noch drei Arten von Menschen bzw. ihre Einstellungen kennzeichnen, die erklärtermaßen oder auch stillschweigend von der Gnade absehen:

1. Menschen, die von vornherein passiv und resignativ sind. Sie hoffen nicht auf die Gnade. Sie vernehmen in sich eine Stimme, die da sagt: „Es hat ja doch keinen Zweck, mir hilft keiner." So

läßt man die Gnade beiseite und die Sünde kann ungehindert herrschen.

2. Personen planen bestimmte Handlungen und entwerfen ein Lebenskonzept, indem auch Gott seinen Platz hat. Sie denken dabei durchaus auch an die Hilfe Gottes, die er uns in Gestalt seiner Gnade gibt. Aber dennoch sind sie im Hinblick auf die Realisierung voller Angst. Die Gnade kann sich nicht durchsetzen. Was für den Glauben gilt, trifft auch für die Gnade zu. Wenn wir uns der Angst überlassen, dann wird die Gnade entmachtet. Angst ist das Eingeständnis, daß die zerstörerischen Kräfte des Teufels größer sind als die Fürsorge, die uns Gott über seine Gnade zuteil werden lassen möchte.

3. Leute, die in ihren Planungen und Maßnahmen der Gnade Gottes wohl bestimmte Aufgaben zuweisen, aber weil sie ihre eigenen Kräfte zusammenreißen und sich zu Höchstleistungen aufraffen, wird die Gnade am Ende doch ausgesperrt. Sie wird nicht wirksam. Diese Christen werden kaum Erfolg haben und sind am Ende ausgepumpt.

Es ist wichtig, daß wir die vielfältigen Formen des Pseudogebrauches von Gnade kennen und gegebenenfalls bei uns durchschauen. Wir werden den Lebensstil der Gnadenlosigkeit daran erkennen, daß alles mühsam geht, daß wir einen großen Kräfteverschleiß erfahren, ständig erschöpft sind, von Ängsten gepackt sind oder in einer Haltung der Kontrolle und der Unterdrückung unserer Mitarbeiter und Umgebung verharren. Alles beweist dasselbe: In einer solchen Lebensweise ist Gnade nicht enthalten.

Selbst wenn es uns gelingen sollte mit dem Einsatz aller unserer Energie, mit Erfahrung und Cleverness doch bestimmte Resultate zu erreichen, dann wird sich eine solche Leistung am Ende doch als Pyrrhussieg erweisen. Wir werden dann nämlich nicht dem Gesetz entkommen können, das da sagt: Wer die Leistung erbracht hat, der bekommt auch die Ehre. Wir können dann noch soviel Wert darauf legen zu beteuern, daß wir alles Gott verdanken. In Wirklichkeit waren wir es doch selbst, und wir werden uns der Ehre nicht erwehren können, die wir lauthals ablehnen, aber innerlich und leise genießen. Diese Ehre kann uns dann das Genick brechen, indem sie unseren Hang nach Unabhängigkeit verstärkt und bestätigt und uns von Gott forttreibt.

Ein Trainingsprogramm der Gnade

Hier nun die einzelnen, ganz einfachen Schritte, die unserem Willen unterlegen sind und uns in die Gnade hineinführen.

- Ich erkenne zuerst die vorhandene Gnadenarmut, die sich immer an den Auswirkungen ablesen läßt.
- Ich treffe, weil es mir so schlecht geht, die Entscheidung, ab jetzt mit der Gnade Gottes zu leben und mich ausschließlich ihr zu unterstellen.
- Der Weg zur Erfahrung der Gnade geht über das Wort Gottes. Dementsprechend beschäftige ich mich mit allen Worten der Schrift, die die Gnade Gottes vorstellen, erklären und rühmen. Sie sind alle so schön, leicht verstehbar und faszinierend, daß der Umgang mit ihnen unweigerlich zu einer Art Sog in die Gnade hineinführt.
- Durch Worte der Gnade fülle ich meine Gedanken und mein Herz mit Gnade, so daß ich am Ende schwanger mit Gnade bin. Das Erkennen der Gnade und ihrer Wirksamkeit ist schon fast alles! Die ersten Auswirkungen des Umgangs mit Gnade werden beim Blick zurück nach einiger Zeit leicht erkennbar sein: Ohne dramatische Ereignisse und Aktionen setzt sich mehr und mehr Freude, Sorglosigkeit, Sanftmut und Barmherzigkeit im Verhalten durch.
- Im Verlauf dieser Gnadenkur treffe ich die Entscheidung und erneuere sie täglich, nicht nur aus Gnade zu leben, sondern auch Gnade zu geben. Nach wenigen Wochen wird ein Nebeneffekt sich unübersehbar anmelden. Er besteht darin, daß durch forcierten Umgang mit Gnade, der zunehmend als leicht und entspannend empfunden wird, eine verstärkte Sensibilität für Wahrheit und Liebe zur Wahrheit entsteht. Die Wahrheit als Vehikel zur Gnade wird deutlich und die Gnade als Schlüssel zur Wahrheit immer wichtiger.

In diesem Trainingsprogramm sind Rückschläge unumgänglich. Aber das ist nicht schlimm, wenn man gerade dabei ist, die Macht und die Lust der Gnade zu entdecken. Man wird dann leicht und schnell seine Schuld zugeben. Dann kann der Gnadenschüler in der Realität das Prinzip lernen, daß die Sünde, die man bekannt hat, die Gnade Gottes forciert. Einbrüche in alte Verhaltensweisen sind kein Grund aufzugeben, sondern können, so verstanden, sogar die Erfahrung der Gnade steigern und den Prozeß der Heilung und Heiligung beschleunigen.

In den Schwachen ist die Gnade Gottes mächtig

Wem es ernst ist, die bisherigen Erkenntnisse nicht Theorie sein zu lassen, sondern wer sich wirklich aufmacht, die Gnade zu erobern, dem wird eine bestimmte Erfahrung nicht erspart bleiben:

> **2. Korinther 12,7-9**
> **7 Und auf daß ich mich nicht der hohen Offenbarungen überhebe, ist mir gegeben ein Pfahl ins Fleisch, nämlich des Satans Engel, der mich mit Fäusten schlage, auf daß ich mich nicht überhebe.**
> **8 Dafür ich dreimal zum Herrn gefleht habe, daß er von mir wiche.**
> **9 Und er hat zu mir gesagt: Laß dir an meiner Gnade genügen; denn meine Kraft ist in den Schwachen mächtig. Darum will ich mich am allerliebsten rühmen meiner Schwachheit, auf daß die Kraft Christi bei mir wohne.**

Das ist ein vielzitiertes und übel verkanntes Wort. In diesem Wort wird die Schwachheit nicht glorifiziert. Sie wird dargestellt als ein notwendiges Durchgangsstadium, um die Gnade in Reinkultur zu erfahren.

Der Zusammenhang, in dem das Wort steht, ist eindeutig: Paulus wurde über die Jahre immer wieder von Juden verfolgt, die ihm viel Pein zufügten, weswegen er Gott darum bat, daß er ihn von dieser Pein befreite. Darauf sagt Gott zu ihm: „Laß dir an meiner Gnade genügen, denn meine Kraft ist in den Schwachen mächtig."

Zwei Momente sind verantwortlich dafür, daß Paulus verfolgt wurde und zunächst nicht daraus erlöst wurde. Zum einen waren es die hohen Offenbarungen, die Paulus widerfuhren, denen wir immerhin zwei Drittel des Neuen Testamentes verdanken. Und zum anderen war es das göttliche Prinzip, daß Gnade um so stärker wirkt, je mehr wir frei sind von jeder Form von eigener Sicherheit. Das war das Schicksal von Paulus. Er konnte sich nur auf Gottes Gnade verlassen und konnte sich nicht selbst helfen.

Indem er aber diese Situation bejahte, konnte Gott seine Gnade zur vollen Entfaltung bringen. Das heißt nicht notwendigerweise, daß wir alle erst in eine Katastrophe hineinmüssen, um Gottes Gnade in vollem Umfang erfahren zu können. Entscheidend ist die Einstellung unseres Herzens, die ausdrückt, daß wir uns wirklich von Gott abhängig machen und nicht auf andere Sicherheiten zählen.

Aber ich habe meine Zweifel, ob wir, die wir Menschen der Gnade werden wollen, gänzlich an der Erfahrung der Nullpunktsituation vorbeikommen können. Es ist immer noch ein Unterschied, ob man denkt und sagt, daß man vom Herrn abhängig sei, oder ob man es in der Tat dann auch beweist. Es reichte zum Beispiel Gott nicht aus, theoretisch zu wissen, daß Abraham ihm so treu und ergeben war, daß er seinen Sohn Isaak ihm zuliebe opfern würde. Er wollte es sehen:

1. Mose 22,11-12
11 Da rief ihn der Engel des Herrn vom Himmel her und sprach: Abraham! Abraham! Er antwortete: Hier bin ich.
12 Er sprach: Lege deine Hand nicht an den Knaben und tu ihm nichts; denn nun weiß ich, daß du Gott fürchtest und hast deines einzigen Sohnes nicht verschont um meinetwillen.

Wir sollten keine Ängste vor einem möglichen Test dieser Art erzeugen und willkürlich schüren. Gott läßt uns eine solche Erfahrung, und dann gewiß in einem für uns erträglichen Sinne, allenfalls zuteil werden, wenn wir schon fortgeschritten sind in dem Genuß der Gnade. Man muß bereits in einer Weise gnadensüchtig geworden sein, um von Gott in solche Nullpunkterfahrungen versetzt zu werden.

Auf der anderen Seite sollten wir dann, wenn wir schon angefangen haben, mit Gnade umzugehen und sich Resultate über lange Zeit doch nicht einstellen, den Mut haben, genauer nachzusehen, an welcher Stelle wir unsere eigenen Entscheidungen hintertreiben, sabotieren oder überlaufen. Wenn über Monate und Jahre der Segen Gottes ausbleibt, dann ist es nötig, daß wir uns durchchecken und das Leck der Gnade suchen.

Dann liegt nicht die große Trostsituation vor wie bei einem Abraham oder bei Paulus, die in ihrer Schwäche jeweils den größten Sieg erlebten, sondern es werden vielmehr verborgene Sünde oder unlautere Motive vorhanden sein, die Gebetserhörungen verhindern.

Man kann sich auch einem Mißbrauch der Hoffnung hingeben, indem man unbegründet und unqualifiziert über lange Zeit auf die eines Tages hereinbrechende Wende hofft. So haben schon viele Menschen ihr Leben vertan. Wer sich einmal für Gnade entschieden hat, sollte radikal und kühn sein. Es ist ein origineller Lebensstil, allein auf die Gnade seine Hoffnung zu setzen. Gott wird uns dabei nicht im Stich lassen.

In Gnaden sein

Man weiß, ob man in der Gnade ist. Man liest es an seiner Innenbefindlichkeit, an der Freude und an den mehr und mehr sich einstellenden Bestätigungen Gottes in den Außenbeziehungen seines Lebens ab:

> **1. Petrus 2,10**
> **Einst wart ihr nicht in Gnaden, nun aber seid ihr in Gnaden.**

Wir haben in den letzten Jahren weltweit in der Christenheit eine schöne Entdeckung gemacht, die zur Theologie des In-Christus-Seins führte. Gott bietet uns an, daß wir „in Christus" sind. In ihm können wir stark, gesegnet, gerecht, herrlich, ein Überwinder sein. Aber das Wort fragt uns, ob wir nur in Christus sein wollen oder auch in Gnaden.

Natürlich gibt es eigentlich keinen Gegensatz zwischen dem „in Christus sein" und „in der Gnade sein". Wer wirklich in der Gnade ist, was man an den genannten Kriterien leicht erkennen kann, der ist natürlich auch in Christus. Und wer tatsächlich in Christus ist, in ihm stark, kräftig, gesegnet, herrlich, reich und fähig ist, der ist natürlich auch in Gnaden. Wir müssen uns aber hüten vor den

Schablonen und vor der Befriedigung an den Formulierungen, während der Inhalt und das Eigentliche längst abwesend sind.

Was enthält nun die Beschreibung eines Lebensstils des „in der Gnade sein“, was möglicherweise bei dem „in Christus sein“ nicht so deutlich ist? Es ist die feste Einstellung und gemachte Erfahrung, daß wir uns nicht selbst helfen sollen und brauchen. In der Sicht des Wortes Gottes, ist es eine Sünde, sich selbst zu helfen. Wer „in Gnaden“ ist, der lebt „aus Gnaden“, und wird, wenn das Wort stimmt, spüren, daß eigene Mühe nichts hinzufügt.

Ich glaube, daß es einen schönen graduellen Übergang von dem üblichen Leistungskonzept zu dem Standard des Lebens in der Gnade gibt. Weil aber der Herr ein eifersüchtiger Gott ist, der alles Wichtige in uns selbst machen will, und weil in aller Regel es ohne Bruch mit der alten Lebensform nicht geht, deswegen müssen wir uns auf die Nullpunkterfahrung gefaßt machen, wenn wir ehrlich in Gnaden sein wollen. Gott wird auf die Dauer seine großen und auch sichtbaren Manifestationen, übernatürlichen Kräfte und Hilfen nur dem zukommen lassen, der seine Liebe zur Gnade nicht nur beteuert, sondern auch in der konkreten Situation von Verfolgung, Enge und Bedrohung von allen eigenen Sicherungen absieht und sich allein auf die Gnade verläßt.

Wir wissen aus dem Leben von Paulus, daß die Verfolgungssituation doch nur ein Durchgangsstadium war. Er wurde aus den Belästigungen und Bedrückungen immer wieder erlöst. Bei all dem konnte er sagen, daß er sich allezeit in Christus freute. Das war nur möglich, weil für ihn die Gnade so hautnah, so lebensbestimmend und real war.

Noch einmal, der Leser möge keine Angst haben vor der Gnade. Gott ist gut. So kann auch nur Gutes von ihm kommen. Es ist nicht denkbar, daß ein Leben mit etwas Gnade, das unterhalb der Schwelle der Nullpunktsituation bleibt, etwa doch schöner sein könnte, als eine Lebensweise, wie wir sie bei Paulus finden. Nicht der Mangel, nicht die Schwäche, nicht die Entbehrung oder die Verfolgung ist die Normalsituation. Ganz ohne Verfolgung wird es bei den Gläubigen, die nur aus Gnade leben wollen, nicht abgehen. Aber die Verfolgungen der Gesegneten des Herrn sind erträglich. Wer in Christus und in der Gnade ist, der ist glücklich, der lebt gut.

Kapitel 7

Zum Thron der Gnade, nicht zur Schlachtbank!

Der Lieblingstrick des Teufels, um die Gemeinde Gottes zu schwächen und zu entmutigen, ist nach wie vor der, daß er das Bild Gottes entstellt und verdunkelt. Die Zumischung von vielen bibelfremden Philosophien und halbwahren theologischen Anschauungen zu dem wahren Bild der göttlichen Selbstoffenbarung in der Bibel, die im Laufe von Jahrzehnten und Jahrhunderten erfolgt ist, hat ihr Werk getan. Wir Christen haben zugelassen, daß die Verkündigung von der Kanzel nicht frei war von solchen Beimengungen. Die Auswirkungen sind, obwohl sie nicht dramatisch ins Auge fallen, dennoch verheerend: Das Volk Gottes weiß nicht, wie gut sein Herr ist.

Immer noch haben so viele Christen eine geheime Furcht und Unbehagen vor Gott. Sie sehen in ihm allein den großen, hehren und furchtbaren Gott, der die Sünde und den Sünder straft und dessen Heiligkeit es nicht zulassen kann, daß wir ihm zu nahe kommen. Das Bild Gottes, wie wir es im Neuen Testament und in der ganzen Schrift finden, ist gänzlich anders. Der Vater und sein Sohn laden uns – bewegt von Liebe, Zuwendung, Gnade und Freundlichkeit – ein, zu ihnen zu kommen, um schon hier auf Erden die himmlische Ruhe zu schmecken:

Hebräer 4,14-16
14 Weil wir denn einen großen Hohenpriester haben, Jesus, den Sohn Gottes, der die Himmel durchschritten hat, so lasset uns halten an dem Bekenntnis.

15 Denn wir haben nicht einen Hohenpriester, der nicht könnte mit leiden mit unserer Schwachheit, sondern der versucht ist allenthalben gleichwie wir, doch ohne Sünde.
16 Darum lasset uns hinzutreten mit Freudigkeit zu dem Thron der Gnade, auf daß wir Barmherzigkeit empfangen und Gnade finden auf die Zeit, wenn uns Hilfe not sein wird.

Jesus ist in der Tat, wie es uns dieses Wort beschreibt, „so groß und erhaben, daß er alle Himmel durchschreitet". Aber gleichzeitig ist er so nahe und so persönlich, daß er als mitleidender Herr unsere Schwächen kennt, unsere moralischen Unzulänglichkeiten sehr wohl sieht, und sich dennoch auf unsere Seite stellt. Das Wort Gottes redet davon, daß er wirklich mit uns leidet. Er hat die Begrenztheiten unseres Körpers und die Schwierigkeiten des Lebens unter den jetzigen irdischen Bedingungen selbst ertragen und kann einschätzen, wie uns zumute ist. Jesus steht zu uns.

Der Vers 16, auf den es uns im Hinblick auf das Thema Gnade besonders ankommt, beginnt mit einem kraftvollen „Darum". Dieses „Darum" meint: Weil unser Herr mit unseren Schwächen und Unzulänglichkeiten mitleidet, und damit sich ausgewiesen hat als ein sehr intimer und persönlicher Gott, der sich völlig mit uns solidarisiert und identifiziert, deswegen sollen wir mit Freudigkeit, was eigentlich Freimut oder Kühnheit meint, zum Thron der Gnade treten. Das soll kein Opfergang sein, bei dem uns die letzten Freuden und Lüste genommen werden und wir dann zusammengestaucht werden. Jesus wartet darauf, daß er am Thron der Gnade eine Begegnung mit uns haben kann, um uns mit seiner Gnade zu erfrischen und zu erfreuen.

Nichts, aber nichts von allen jenen negativ-bedrohlichen Stimmungen und Vorahnungen, die die Menschen vor Gott erschauern lassen, ist von Gottes Seite vorgesehen, erwünscht oder zugelassen. Wenn wir, die Brüder unseres Herrn und die Kinder des göttlichen Vaters, zu ihm gehen, dann sind wir ihm hochwillkommen und dann sollen wir als Beschenkte vom Thron der Gnade in unsere Lebensaufgaben zurückkehren. Zu einer solchen erfrischenden und bewegenden Begegnung am Throne Gottes kann es jedoch nur dann kommen, wenn wir den wahren Charakter Gottes kennen und in Aufrichtigkeit sowie in der von Gott geschenkten Gerechtigkeit aus Glauben uns ihm nahen und wir frei sind von jeder Form von Selbstgerechtigkeit, Hoffart und Hochmut. Wir haben ja gelernt, daß Gott dem Hoffärtigen widersteht.

Selbst wenn wir mit Sünde beladen uns Jesus nahen, wird von uns nicht erwartet oder gar verlangt, daß wir in Gefühlen totaler Unwürdigkeit, Niedergeschlagenheit und Zerknirschung zu ihm kommen. Sind wir Kinder Gottes, dann erlaubt es unser Status immer noch, daß wir in Freude und Entspannung zu ihm kommen, weil wir seinen Charakter kennen und wissen, daß er uns nicht verdammt, sondern uns hilft, von der Sünde frei zu werden.

Der Vorgeschmack auf das, was uns bei Gott widerfährt, sollte uns im Fall von Beladensein oder Befleckung durch Sünde animieren, zu ihm zu kommen. Jede andere Haltung würde einen Leistungsanteil bei uns einschließen, sei es das forcierte Gefühl der Zerknirschung oder die Stimmung von Trauer und Verzweiflung, mit der wir etwas von unserer Schuld abarbeiten wollen.

Allerdings wird Einsicht in unser Zukurzkommen und in unsere Schuld wohl erwartet, sonst könnten wir keine Gnade bekommen. Aber Schuldeinsicht ist nicht identisch mit einer Haltung von Dauerbuße und seelisch eingefärbtem Schuldgefühl, das wir möglicherweise bewußt festhalten, um unseren diskreten Erlösungsbeitrag durch unser Leiden und Abbüßen zu leisten. All das ist im Anbetracht des Charakters Gottes und der für uns bereitliegenden Gnade unnötig.

Am Thron der Gnade empfangen wir Gnade und Barmherzigkeit. Unter Barmherzigkeit versteht das Wort Gottes Gnade, die sich in einer Handlung und in einer von Liebe erfüllten Gemütsbewegung äußert. Gott spricht nicht nüchterne Gnadenerlasse aus, er legt sein Herz in seine Entscheidungen und führt sie mit seiner machtvollen Hand aus.

In dieser Begegnung mit Jesus an seinem Gnadenthron begegnen sich zwei interessante Motive: Auf unserer Seite ist es das Motiv des Freimuts und der Kühnheit. Kühnheit ist in diesem Zusammenhang ein bemerkenswertes Wort, das sicher der Heilige Geist mit Bedacht hier gewählt hat. Die Formulierung „mit Kühnheit zum Throne der Gnade gehen“ hat etwas an sich, das sich gegen unsere Vorstellung und Gefühl von Angemessenheit stellt. Aber es ist wichtig, daß wir diese so beabsichtigte Aussage voll verstehen und in unser Herz transportieren. Es ist von Gottes

Sicht her erwünscht und angemessen, daß wir, wenn wir zu ihm kommen, um Gnade und Barmherzigkeit zu empfangen, in einer Haltung der Kühnheit zu ihm kommen.

Dieses Wort „Kühnheit" drückt aus, daß die Beziehung zwischen uns und dem Herrn entspannt sein soll, daß wirklich die Grundlage eines Gnadenanrechtes vorliegt und daß in unserer Beziehung zu ihm nichts von devoter, winselnder Unterwürfigkeit enthalten sein soll. Vielmehr soll unsere Beziehung bestimmt sein von Liebe, Wertschätzung, Dankbarkeit, Anerkennung und Wissen darüber, was uns zusteht, und daß das Abholen der uns zugedachten Segenskontingente den Herrn ehrt.

An dieser Stelle müssen viele Christen umlernen. Es gibt ein falsches Verständnis von Demut in den Reihen der Gläubigen, das sich nicht an den Aussagen der Schrift orientiert, sondern seine Wurzeln in hellenistischen und humanistischen Philosophien hat. Nach diesen Anschauungen müssen wir uns der Gottheit in gebeugter, unterwürfiger und scheuer Form nähern, um die Heiligkeit und Würde in der Sphäre um Gott nicht zu verletzen und uns nicht selbst in Gefahr zu bringen. Welch ein Abstand liegt zwischen der Qualität unserer Gottesbeziehung und Gottesbegegnung nach der biblischen Offenbarung und den Vorstellungen heidnischer Herkunft.

Dann sagt uns das Wort noch etwas über das Motiv, das Gott hat, wenn er uns zum Thron der Gnade lockt. Wir sollen durch seine Gnade und Barmherzigkeit Hilfe empfangen auf die Zeit, wenn es uns Not sein wird. Das bedeutet, daß wir durch Gnade Hilfe beanspruchen können für die Not, die jetzt schon da ist und auch für die Not, die erst kommt. Das ist in der Tat ein wichtiger Gesichtspunkt.

Das Wort Gottes lehrt uns somit, daß wir uns mit Gnade füllen sollen, damit dann, wenn Herausforderungen, Attacken des Feindes oder Verletzungen durch Menschen drohen, wir aus dem Potential bereits empfangener Gnade heraus richtig reagieren können. Das ist ein vorrangiges Prinzip unserer Lebensführung, das viel zu wenig bekannt ist. Es reicht einfach nicht aus, daß wir immer nur dem Schaden hinterherlaufen und dann, wenn wir in Not geraten sind, die Gnade Gottes bemühen, um aus Verletzung, Trauer und Bitterkeit herauszutreten.

Hier werden wir aufgefordert, eine Art geistliche Vorsorge zu treffen, indem wir ein Gnadenpolster anlegen und uns mit Gnade Gottes so füttern, daß unsere Seele fett wird (siehe Psalm 63,6 Elberfelder Übersetzung), so daß sie gelassen und entspannt reagieren kann. Es gibt eine präventive Seelsorge, zu der wir alle aufgerufen sind. Die Hilfe Gottes soll uns, die wir bereits Gnade genommen haben, zur Verfügung stehen, bevor sich die Gefahr gezeigt hat. Wer unvorbereitet und ohne Gnade in die Auseinandersetzungen und Schwierigkeiten des Alltags hineingeht, wird an Verwundungen und Enttäuschungen nicht vorbeikommen. Aber es gibt einen vorbeugenden Schutz. Er ist ausschließlich davon abhängig, ob wir uns viel am Throne Gottes aufhalten und uns von ihm Gnade holen.

Gnade oder Bitterkeit, das ist hier die Frage

Wir wenden uns jetzt einer anderen Passage des Hebräerbriefes zu, die uns Auskunft darüber gibt, was mit uns geschieht – und zwar gesetzmäßig –, wenn wir nicht ausreichend Gnade nehmen. Das führt zu zerstörerischen Folgen, denen wir grundsätzlich nicht entkommen können. Wir sind so auf das Vorhandensein von Gnade und den Umgang mit Gnade angelegt, daß wir zwangsläufig in große Nöte geraten, wenn wir uns von der Gnade fernhalten. Die zerstörerischen Auswirkungen eines gnadenfreien Lebens betreffen unsere Beziehung zu Gott, unsere Gemeinschaftserfahrungen und alle seelischen und körperlichen Bereiche:

Hebräer 12,15-17
15 ... und sehet darauf, daß nicht jemand Gottes Gnade versäume; daß nicht etwa eine bittere Wurzel aufwachse und Unfrieden anrichte und die Gemeinde dadurch befleckt werde;
16 daß nicht jemand sei ein Abtrünniger oder Gottloser wie Esau, der um der einen Speise willen seine Erstgeburt verkaufte.
17 Ihr wisset ja, daß er hernach, da er den Segen ererben wollte, verworfen ward; denn er fand keinen Raum zur Buße, wiewohl er sie mit Tränen suchte.

Das Wort Gottes ermahnt uns eindringlich, daß wir darauf achten sollen (hier steht im Griechischen die Verbform des Begriffes

„Episkopos“, was Aufseher heißt), daß nicht einer, wirklich nicht einer (!) die Gnade versäumt oder, wie man auch übersetzen könnte, ihr fernbleibt. Wir sollen also gemeinsam und gewissenhaft aufeinander achten, daß nicht einer zurückbleibt, weil er regelmäßig die Gnade versäumt.

Die Formulierung „Versäumung der Gnade“ ist im Griechischen in die Zeitform des Partizip Präsens gesetzt, was so viel bedeutet wie: daß jemand immer wieder oder ununterbrochen die Gnade versäumt.

Was geschieht, wenn Christen für ihre Entscheidungen, Reaktionen und Alltagshandlungen auf Gnade verzichten? Das Wort sagt es sehr klar. Dann wächst eine Wurzel der Bitterkeit in uns hoch. Hier ist die Gesetzmäßigkeit, von der die Überschrift spricht: Entweder wir leben mit Gnade, oder wir leben in Bitterkeit. Natürlich sind alle graduellen Abstufungen und Vermengungen möglich.

Etwas Gnadenverfehlung wird etwas Bitterkeit erzeugen. Der ständige Verzicht auf die Gnade wird uns in tiefe Bitterkeit stürzen. Und Leben ohne Gnade ist am Ende tödlich.

Weil das Wort die Art des Versäumens von Gnade nicht weiter kennzeichnet, müssen wir davon ausgehen, daß beide Formen von Gnadenverfehlungen gemeint sind, diejenige, die darin besteht, daß wir nicht Gnade für uns selbst nehmen und das andere Versäumnis, das in unterlassener Begnadigung anderer beruht. In jedem Fall ist Bitterkeit eine unvermeidbare Reaktion auf Gnadenlosigkeit.

Ich habe den Eindruck, daß der Begriff Bitterkeit hier als eine Art Überbegriff gemeint ist, der viele Formen von egoistischen, harten und zerstörerischen Reaktionen meint. Dazu gehört die Haltung der Isolierung, der Verachtung, des Mißtrauens, des Selbstmitleides, der Härte, der Distanz, des Aggressiv- und Grantigseins und alle anderen Verhaltensweisen, die beinhalten, daß man sich zurückzieht und andere attackieren, kontrollieren und beherrschen will. Für alle diese Erscheinungsformen gilt, das sie mit Bitterkeit durchsetzt sind.

Im Hinblick auf diese gleichsam schicksalsartigen Abläufe empfehle ich, daß wir die Sonne über unsere Gnadenlosigkeit nicht untergehen lassen. Wenn wir einzelne Handlungen und Reaktionen von Unbarmherzigkeit und Gnadenlosigkeit über einige Zeit festhalten, resultiert daraus die Verwandlung unseres Charakters, die sich am ehesten mit dem Begriff Bitterkeit beschreiben läßt.

Nun gibt uns das Wort noch einige Details über den Vorgang und den Ablauf des Bitterwerdens. Zunächst einmal ist es auffallend, daß die Schrift ausdrücklich hervorhebt, daß das, was in uns bitter wird, einer Wurzel gleicht. Durch Wurzeln empfangen Bäume ihre Nahrung, ihre Einbettung und ihren Kontakt mit dem Untergrund. Wenn eine Wurzel bitter wird, dann wird alles, was durch sie hindurchgeht und in den Stamm geht, davon geprägt und verändert werden. So geht eine Pflanze kaputt, so stirbt ein Mensch ab.

Dann betont das Wort, daß die Wurzel nach oben wächst. Sie wird also sichtbar. Solche nach oben wachsenden Wurzeln, die dann das Erdreich durchstoßen, stellen sich selbst dar, verfehlen ihre Aufgabe und werden zu einem Grund des Stolperns.

Die Bitterkeit im Herzen eines Christen kann viele (wie es wörtlich statt „Gemeinde" heißt) beflecken. Bitterkeit durch Gnadenlosigkeit hat also eine außerordentliche Breitenwirkung. Wenn das Wort Gottes von Befleckung redet, dann meint es, daß die Christen in der Umgebung irgendeine Form von Beeinträchtigung oder Leid erfahren. Sie werden vielleicht ihre Freude, ihren Glanz oder ihre Unbeschwertheit verlieren. Gnadenlosigkeit von Menschen unserer Umgebung wird in jedem Fall Beschwerden, Kummer und Spannung bringen.

Eine Auswirkung hebt das Wort Gottes besonders heraus: Durch Gnadenlosigkeit wird Unfrieden gestiftet. Eine ganze Gemeinde kann durch einen einzelnen gnadenlosen Menschen in Turbulenzen gebracht werden, in Spannung und gar Spaltung geraten.

Der Fortgang der Warnung und des Gedankenganges bringt einen interessanten Zusammenhang zutage, der ebenfalls von geistlicher Grundsätzlichkeit ist. Der Gedankengang ist folgender. Wir sollen darauf achten, daß niemand durch Versäumnis der Gnade bitter wird, seine Umgebung damit beeinträchtigt und so ein Abtrünniger (wörtlich: ein Hurer) wird oder ein Gottloser wie Esau, der in der Schrift als der große Verlierer dargestellt wird. Hatten wir bisher gesagt, indem wir die Lehre über Gnade aus diesem Schriftwort aufgriffen, entweder wir leben in Gnade oder in Bitterkeit, so muß man die Alternative sogar noch verschärfen: Entweder wir sind Menschen der Gnade und kooperieren dann mit Gott, oder wir sind gnadenlos und dann abtrünnig, gottlos und ein geistlicher Hurer.

Ohne Gnade haben wir kein göttliches Leben in uns, weil sich Gott nur durch Gnade mitteilt. Ohne Gnade betreiben wir eine Art geistliche Hurerei, unabhängig davon, wie fromm wir uns mit unseren Worten geben. Der Gnadenlose lebt an Gott vorbei und tritt damit augenblicklich in Kontakt mit ungöttlichen und antigöttlichen Kräften, deswegen der Begriff Hurerei. Das ist auch der Hintergrund der Tatsache, daß Gnadenlosigkeit die Einladung für dämonische Mächte ist. Obendrein gilt, daß Gnadenlosigkeit der gradlinigste Weg in Untergang und Verlust ist, was so dramatisch und grausig über Esau gesagt wird.

Man könnte mit dem Bild des Textes sagen, daß unsere Wurzelorgane unser Glauben ist. Wenn wir unsere Wurzeln in Gnade hineinstecken, dann werden wir Nahrung, Leben und Geschenke in vielfältiger Form von Gott empfangen. Wenn wir gnadenlos leben, dann saugen wir mit unseren bitteren Wurzeln alle Formen von Gnadenlosigkeit und Folgezuständen von Gnadenmangel auf.

Das Wort Gottes sagt uns in Epheser 3,17, daß Christus durch den Glauben in unserem Herzen wohnen soll und wir in der Liebe eingewurzelt und gegründet sein sollen. Es gibt offenbar nur diese beiden Wurzelgründe: Gnade und Liebe auf der einen Seite, und Gnadenlosigkeit auf der anderen Seite. Im ersten Fall werden wir zusammen mit allen anderen Heiligen (Epheser 3,18) die Liebe Christi in ihren unvorstellbaren Dimensionen erfahren. Im anderen Fall wartet auf uns Bitterkeit, Leid, geistliche Hurerei und danach Untergang.

Es war wohl nicht übertrieben, wenn ich eingangs davon sprach, daß der Begriff der Gnade, die Tiefe seiner Bedeutung und die Wichtigkeit seines praktischen Umgangs mit ihm in der Christenheit viel zu wenig bekannt ist. Ich, der Autor, fühle mich jenem Teil der Christenheit besonders zugetan, den man in Ermangelung eines besseren Wortes „Wort- und Glaubensbewegung" nennt. Vielleicht müßten wir, die wir mit Vorsatz diese Betonung vornehmen, noch viel stärker eine Bewegung der Gnade werden.

Es ist kaum möglich, im Anbetracht der Fülle von gewichtigen Textaussagen der Schrift über Gnade, diesen Begriff überzubetonen. Ich glaube, daß wir alle noch viel zu wenig von Gnade wissen. Aber ich hoffe, daß dieser Mangel in großer Breite bald behoben sein wird.

Kapitel 8

Heilung durch Gnade

Der Gerechte lebt aus Gnaden, wie uns das Wort mehrfach bezeugt, und er lebt gut damit. Glauben bedeutet, wie wir im ersten Kapitel festgestellt haben, nicht nur Nehmen, sondern Nehmen von Gnade. Der Gerechte nimmt also durch seinen Glauben ununterbrochen Gnade aus der Fülle Jesu. Deswegen ist er geistlich und seelisch gesund und bewegt sich auf der Sonnenseite des Lebens.

Anders geht es dem Gnadenlosen. Er wird, wie wir gesehen haben, bitter. Es bleibt aber nicht bei Bitterkeit. Die von Gnadenlosigkeit gesteuerte und ernährte Bitterkeit führt zu Einsamkeit, Isolierung, Ablehnung, Selbstmitleid, Depression, Ängsten, paranoiden Gedanken, Bezugsideen und schließlich zu ausgewachsenen neurotischen und psychotischen Symptomen. Der Weg dorthin wird obendrein begleitet sein von manchen unweigerlich auftretenden Charakterveränderungen und -deformierungen und zusätzlichen psycho-vegetativen Beschwerden, die dann körperliche Krankheitserscheinungen nach sich ziehen.

Leben ohne Gnade ist die große Krankheitsursache überhaupt. Wenn aus Gnadenlosigkeit die eben genannten vielfältigen Erscheinungen und Symptome und viele andere nicht genannten Krankheitszustände resultieren, dann kann man diese ohne Behebung der Ursache nicht einfach ablegen. Zwar sagt uns das Wort in Kolosser 3,8: „Nun aber leget alles ab von euch, Zorn, Grimm, Bosheit, Lästerung, schandbare Worte aus eurem Munde." Aber man kann diese Verhaltensweisen und die ihnen nachfolgenden krankheitlichen Symptome nur dann ablegen, wenn man Gnade genommen hat und Gnade an andere weitergibt. Viele Krankheitssymptome sind nur die sichtbare Zuspitzung einer allgemein gestörten Persönlichkeit. Wer durch Gnade und als Begnadeter Heilung erleben will, kann nicht in seiner Identität der Alte bleiben. Gnade verändert den ganzen Menschen und dann auch nachfolgend einzelne Symptome.

Durch Gnade Gunst bei den Menschen und Veränderung der Umstände

Wenn man erst einmal die ganze umfängliche Bedeutung und Tiefe der göttlichen Eigenschaft und des göttlichen Angebotes Gnade gesehen und erfaßt hat, wird man sich nicht mehr wundern, wenn die Gnade auch Umstände, Lebensverhältnisse und sogar berufliche Karrieren beeinflußt. Es kann eigentlich gar nicht anders sein, weil Gnade ja die ursprüngliche Form von göttlichem Leben ist. Der ständige Strom von Leben, der vom Throne Gottes fließt, ist ein Strom von Gnade, also von Geschenken. Wir Menschen sind in den Augen unseres Herrn zu kostbar, als daß wir uns selbst daran machen sollen, Lösungen zu fertigen und im Verfolgen dieser schwierigen Aufgabe durch viele Mißlichkeiten und Widerstände zerrieben zu werden. Das nachfolgende Schriftwort bringt einen interessanten Zusammenhang zwischen Wort Gottes, Gnade und biblischer Wohlstandslehre:

Sprüche 3,1-4
1 Mein Sohn, vergiß meine Weisung nicht, und dein Herz behalte meine Gebote,
2 denn sie werden dir langes Leben bringen und gute Jahre und Frieden;
3 Gnade und Treue sollen dich nicht verlassen. Hänge meine Gebote an deinen Hals und schreibe sie auf die Tafel deines Herzens,
4 so wirst du Freundlichkeit und Klugheit erlangen, die Gott und den Menschen gefallen.

Man könnte über das Wichtigste hinweglesen. Aber das Wort will uns sagen: Unter der Vorraussetzung, daß wir unser Leben mit seinem Wort und der göttlichen Weisung füllen und unser Herz auffordern, seine Gebote festzuhalten, werden wir langes Leben, gute Jahre und Frieden erfahren, weil das angenommene und festgehaltene Wort Gnade und Wahrheit (so besser statt Treue) uns bringt und dafür sorgt, daß diese uns nicht verlassen.

Die Gnade und die Wahrheit kommen nicht irgendwie in unser Leben, sondern durch Beschäftigung mit dem Worte Gottes, das wir glaubend aufnehmen und festhalten. Wenn das Wort Gottes fest in unseren Herzen verankert ist, erwächst daraus nicht nur Glaube, wie es richtig in der Glaubensbewegung gelehrt wird, es wird dann auch Gnade freigesetzt.

Mithin ist das Wort Gottes auch der entscheidende Gnadenträger. Aufgenommenes und aufgeschlossenes Wort muß dementsprechend den Inhalt von Gottes Gnade, langes und gutes Leben, gute Jahre und Frieden freigeben.

In Vers 4 wird dann der Gedankengang weitergeführt, der hier eine scheinbar banale Konsequenz offenbart: Wenn wir Gottes Gnade durch sein Wort aufgenommen und festgehalten haben, dann werden wir die Gunst Gottes haben. Das triviale an dieser Aussage könnte so lauten: Wer Gnade genommen hat, hat Gnade oder Gunst. Aber formulieren wir es einmal anders: Wer sich von Gott begnadigen läßt und Gnade weitergibt, wird ununterbrochen in allen seinen Lebensumständen Gunst vom Herrn erfahren. Was immer er anfaßt, was immer er betreibt, es wird ihm gelingen. Gottes Wohlgefallen mit uns, das bedeutet Erfolg und Segen in allen Umständen.

Aber dieses Wort hält noch einen zweiten schönen und überraschenden Aspekt für uns bereit. Unter der Voraussetzung, daß die Gnade Gottes ständig in uns wirkt, weil wir ständig den Gnadenträger, das Wort Gottes, im Herzen haben, sollen wir auch Gunst bei den Menschen bekommen! Vielleicht wird sich der eine oder andere meiner Leser an dieser Formulierung stören, weil sie ihm zu optimistisch vorkommt. Aber es ist nun einmal eine biblische Aussage. Jedoch müssen wir diesen Sachverhalt noch etwas präziser erfassen, indem wir es im Licht der Worte Jesu in den Evangelien sehen (Johannes 15,20). Wir werden nicht nur Gunst erfahren, sondern auch Ablehnung. Ist unser Herr abgelehnt worden, werden auch wir abgelehnt. Wurde unser Herr angenommen, werden auch wir Annahme erfahren.

Es ist jedoch wichtig zu wissen, daß ausschließliche Ablehnung dem Gerechten nicht widerfährt. Ist das doch der Fall, hat das Gnadenlosigkeit zur Ursache. Der gnadenlose und bittere Christ, der garstig und ungehobelt, unfreundlich und religiös seine Umgebung belästigt und beschwert, wird möglicherweise ununterbrochen Ablehnung erfahren.

Wer aber bei Gott Gnade zu nehmen gelernt hat und Gnade weiterreicht, wird bei erstaunlich vielen Menschen Gunst bekommen, und nur wenige werden ihn ablehnen.

Diese Wahrheit ist so ausgeprägt und gesetzmäßig wirksam, daß man sie regelrecht als Diagnostikum dafür benutzen kann, wie weit man selbst von Gnade bestimmt ist.

Als die junge Gemeinde in Jerusalem sich über die Förderung des Heiligen Geistes freute und große Fortschritte darin machte, aus der Fülle Jesu Gnade um Gnade zu nehmen, bekamen die Gläubigen, die doch einen ganz anderen Lebensstil als ihre Umgebung hatten, dennoch die Gunst des ganzen Volkes zu spüren:

> **Apostelgeschichte 2,47**
> **Sie nahmen die Speise mit Freuden und lauterem Herzen, lobten Gott und hatten Gnade bei dem ganzen Volk. Der Herr aber tat hinzu täglich, die gerettet wurden, zu der Gemeinde.**

An diesem Wort dürfen wir nicht vorbeigehen. Es gibt uns bezüglich des Grades unseres geistlichen Lebens einen Maßstab. Wenn eine gegebene Anzahl von Christen richtig mit Gnade umgeht, dann werden diese regelmäßig auch Gnade von ihrer Umgebung, wenn auch erst mit einer gewissen zeitlichen Verzögerung, erfahren. Es ist bemerkenswert, daß in dem zitierten Text ausdrücklich hervorgehoben wird, daß sie Erfolg bei dem g a n z e n Volk hatten.

Die Erwiderung der Gnade durch Menschen unserer Umgebung, nachdem wir selbst gnädig waren und Gnade gaben, unterliegt unsichtbaren Regelungen, aber auch sichtbaren und leicht nachempfindbaren Abläufen. Zum einen wacht Gott selbst über das Gesetz von Saat und Ernte. Wenn er sieht, daß wir uns nicht selbst helfen, sondern zur Bewältigung unseres Lebens Gnade nehmen und auch Gnade anderen gewähren, dann sorgt er einfach dafür, daß uns Gunst durch Menschen und Umstände zuteil wird. Er stiftet die Menschen in unserer Umgebung dazu an, uns Vorteil und Vorrang zu verschaffen.

Aber natürlich werden die mit uns in Berührung gekommenen Menschen, die uns in unserer sanften und gnadenvollen Weise erlebten, allein schon deswegen gleichsinnig mit Gnade und Gunst auf uns reagieren, weil unser Auftreten so wohltuend war. Wie es in den Wald hineinschallt, so schallt es heraus. So oder so, die gnadenvollen Menschen sind die bevorrechtigten Personen der Gesellschaft.

Die Karriere eines Begnadeten

Eine unscheinbare Erwähnung von Joseph und seinem Schicksal in der Rede des Stephanus weist auf den Zusammenhang von der Gnade Gottes auf Joseph und seiner Karriere im Reich Ägypten hin:

Apostelgeschichte 7,9b-10
9 b Gott war mit ihm
10 und errettete ihn aus aller seiner Trübsal und gab ihm Gnade und Weisheit vor dem Pharao, dem König in Ägypten; der setzte ihn zum Fürsten über Ägypten und über sein ganzes Haus.

Weswegen bekam Joseph diese augenscheinliche Gnade durch Gott, durch die er Gunst bei Pharao fand und dann blitzartig zum Vizekönig über Ägypten avancierte?

Was in dem eben zitierten Bibelvers nur mit wenigen Worten angedeutet wurde, sagt in großer Ausführlichkeit der Originalbericht in 1. Mose. Wir wissen von Joseph, der von seinen Geschwistern übel malträtiert, verraten, verleumdet und verleugnet wurde und schließlich in die Fremde als Sklave verkauft wurde, daß er sich nicht der Erinnerung an diese grausame Mißhandlung und den Leben zerstörenden Verrat ergeben hatte. Er sagte nein zur Bitterkeit, weil er ununterbrochen auf Gott schaute und weil er Gnade gewährte. Er blieb auch in dieser Haltung, selbst als er das Opfer einer Intrige wurde und unschuldig im Gefängnis landete und durch die Vergeßlichkeit und Undankbarkeit eines ehemaligen Mitgefangenen über Gebühr lange dort bleiben mußte.

Joseph wurde durch Gnade heil, durch Gnade reich und durch Gnade einflußreich. Weil er in seinem Herzen immer gnädig blieb, deswegen gab ihm Gott auch sichtbare Gnade. Er wurde vor der Zerstörung seiner Seele bewahrt und war als ein Gefangener im Gefängnis innerlich ein freier Mann. Das sind die Menschen, die Gott auf seine Karriereleiter setzt.

Niemand von meinen Lesern wird in seiner Kindheit eine solche grausame Kette von Beeinträchtigung, Ablehnung und seelischen Verletzungen erfahren haben wie Joseph. Die Blessuren und Defizite, der Mangel an Liebe und die Signale an Ablehnung, die wir in unserer Kindheit und in unseren Elternhäusern hinnehmen müssen, reichen dennoch aus, um uns charakterlich zu verbiegen, seelisch verarmen zu lassen und vielfältige Selbsterlösungsmechanismen in uns freizusetzen, mit denen wir aus dem Zustand von Minderwertigkeit, Defizit und Bedeutungslosigkeit heraustreten wollen. Wir wissen, daß das Verhalten von Rache, Unversöhnlichkeit und die Haltung des Nicht-vergeben-Habens dämonische Kräfte genauso heranzieht wie unsere Selbsterlösungsmaßnahmen, mit denen wir unsere Defizite selbst ausfüllen wollen.

Davor will uns die Gnade Gottes bewahren, indem wir unseren Eltern und allen anderen Personen, die uns verletzt haben, vergeben und uns entscheiden, selbst nur aus der Gnade und nicht aus der eigenen Kraft zu leben. Wir haben ja festgestellt: In den Augen Gottes ist es eine Sünde, sich selbst zu helfen. Ist die Wirksamkeit der Gnade damit erschöpft?

Die Gnade Gottes will nicht nur akute Schmerzen und Defizite beseitigen und uns lebensfähig machen. Sie kann mehr! Uralte vernarbte Wunden sollen beseitigt werden. Manche Entbehrungen, die bis in die Gegenwart hineinreichen, sollen ein Ende finden und entgangene Freuden erstattet werden. Was uns entgangen ist, ist nicht unwiederbringlich dahin. Das Wort Gottes sagt, daß das, was über Jahre und Jahrzehnte durch die Wirksamkeit dämonischer Kräfte uns geraubt worden ist, uns wiederbeschafft und erstattet werden soll:

Joel 2,25
Und ich will euch die Jahre erstatten, deren Ertrag die Heuschrecken, Käfer, Geschmeiß und Raupen gefressen haben, mein großes Heer, das ich unter euch schickte.

Uns sollen alle entgangenen Segnungen und Rechte erstattet werden. Ich glaube, daß man diese wunderbare Textstelle nur so verstehen kann. Alle seelischen und materiellen Verluste will die Gnade ausgleichen, sofern wir ihr völlig ergeben sind und nicht mehr zu dem Prinzip der Leistung, der Rache und Unbarmherzigkeit zurückkehren.

Zur Erfahrung der Erstattung gehört auch, daß die Entwicklung, die wir unter günstigen Umständen längst erfahren haben sollen, nun durch Gnade beschleunigt uns zuteil werden soll, so daß wir schnell seelisch und charakterlich wachsen und über die Gnade eine geistliche Beschleunigung unserer Entwicklung erfahren, die alle natürlichen Entfaltungsmöglichkeiten in den Schatten stellt. Wie geschieht das?

Das Geheimnis seelischer Stabilität

Den Schlüssel zu seelischer Gesundheit und Lebenstüchtigkeit nennt uns die bekannte Textstelle aus dem Hebräerbrief:

> **Hebräer 13,9 b**
> **... es ist ein köstlich Ding, daß das Herz fest werde, welches geschieht durch Gnade.**

Festigkeit des Herzens, so versichert uns das Wort Gottes, ist eine notwendige und gute Sache. Unser Herz soll fest werden, nicht hart, erst recht nicht bitter. Dieses Wort verrät uns die Grundlage für das richtige Wachstum unseres Herzens, so daß es beständig und sicher ist, fest gegenüber Belastungen und erschütternden Einwirkungen und doch nicht abweisend und unempfänglich für göttliche Regungen und menschliche Bedürfnisse. Es ist empfangene Gnade, die uns dazu befähigt. Keine andere Maßnahme kann dieses Ziel erreichen. Festigkeit unserer Person wird nicht durch Selbstverwirklichung, durch harten Einsatz, durch ständiges Lernen oder Härtetraining erreicht. Das ist den säkularen Humanwissenschaften nicht bekannt. Allein durch Gnade wird unser Herz fest und damit auch resistent gegenüber krankheitlichen Versuchungen und Belastungen.

So stehen wir erneut vor einer Alternative: Entweder wir leben in Gnade. Dann bekommen wir ein festes Herz und werden eine heile

Person. Oder wir halten Gnade von uns fern, dann werden wir labil, unsicher oder hart und bitter; aber in jedem Fall anfällig für Krankheit und seelische Störungen.

Ich will in diesem Zusammenhang noch einmal zu einem Schriftwort zurückkehren, das wir bereits kurz erörtert, aber noch lange nicht ausgeschöpft haben (Titus 2,12). Hier heißt es: Die Gnade Gottes erzieht uns, daß wir sollen verleugnen das ungöttliche Wesen und die weltlichen Lüste und züchtig, gerecht und gottselig leben in dieser Welt.

Die Erziehung Gottes, die wir erfahren, ist eine gnädige Erziehung. Sie ist immer nachsehend, vergebend, freisetzend und entschuldigend. Das Gegenteil dieser Erziehungsweise ist die ständige Ermahnung und die Anwendung von Härte, durch die unsere Kinder scheu gemacht werden können. Dementsprechend ermahnt uns Väter auch das Wort Gottes:

Kolosser 3,21
Ihr Väter, erbittert eure Kinder nicht, auf daß sie nicht scheu werden.

Gnade als unser führendes Erziehungsmittel einzusetzen, das sollte unser hauptrangiger Erziehungsgrundsatz sein.

Gott will indessen mit seiner Gnade, die er uns ununterbrochen angedeihen läßt, uns nicht nur fördern und wohl tun. Seine gnadenvolle Erziehung, die ja eine Art Anleitung zum Leben ist, soll uns auch befähigen, nein sagen zu können zur alten Identität und alten Verderben bringenden Begierden und Lüsten. Wir können eigentlich nur dann, wenn wir durch Gnade aufgesättigt sind und bereits Wohlergehen erleben, uns den Begierden und Versuchungen aus unseren Lüsten entziehen. Andernfalls wäre das ein rigides und gesetzliches Unterfangen, dessen Unnatürlichkeit und Unechtheit sehr bald von unserer Umgebung durchschaut werden würde. Wir sollen uns nicht in melancholischer Verzichtshaltung manchen Wünschen und Gelüsten entziehen, sondern uns zuvor durch Gnade die Bestätigung Gottes holen, durch die wir imstande sind, auf manche Sofortlust zu verzichten, die nachher viel Leid bringen würde.

Das Ende einer solchen Entwicklung wird eine heilvolle Charakterveränderung sein, die ein Mehr an Freude und Stabilität bringt und uns unweigerlich in der menschlichen Gesellschaft zu Ruhm und Ehre und in beruflicher Karriere aufsteigen läßt.

Wenn wir nicht schon die lustvolle Realität der Gnade erfahren haben, ist jeder Versuch eines Abwehrkampfes gegen eigene Lüste und seelische und körperliche Dränge sowie charakterliche Zwänge von vornherein verloren. Selbst, wenn es uns gelingen sollte, hin und wieder einen Sieg über einen Zwang zu erzielen, so ist dieser Sieg bei näherem Hinsehen doch eine Niederlage. Wir ringen mit ihm auf Kosten der Spontaneität und Freiheit unserer Seele. Jedes Bemühen, mit eigener Kraft den Drängen unseres Körpers gegenüberzutreten, ist von vornherein zum Scheitern verurteilt. Vielleicht gelingt es, Einzelsymptome zu unterdrücken. Aber dafür handelt man sich eine generelle Unfreiheit des Charakters ein, die immer die Folge von leistungsgebundener Charakterentwicklung ist. Heilung ist eine Sache der Gnade. Seelisches Heilsein ist ohne Gnadenerfahrung gänzlich ausgeschlossen.

Kapitel 9

Ohne Geld kaufen

Im Propheten Jesaja finden wir Ausführungen über das Wesen der Gnade, die einerseits sehr praktisch sind, andererseits mit philosophischer Tiefe die Hintergründe der Gnade ergründen:

Jesaja 55,1-3
1 Wohlan, alle, die ihr durstig seid, kommt her zum Wasser! Und die ihr kein Geld habt, kommt her, kauft und eßt! Kommt her und kauft ohne Geld und umsonst Wein und Milch!
2 Warum zählt ihr Geld dar für das, was kein Brot ist, und sauren Verdienst für das, was nicht satt macht? Hört doch auf mich, so werdet ihr Gutes essen und euch am Köstlichen laben.
3 Neigt eure Ohren her und kommt her zu mir! Höret, so werdet ihr leben! Ich will mit euch einen ewigen Bund schließen, euch die beständigen Gnaden Davids zu geben.

Dieses Wort zielt eindeutig auf neutestamentliche Zeiten. Es beschreibt die neue Ära, die mit Jesus gekommen ist.

Wir werden aufgefordert, ohne Anstrengung und ohne Bezahlung unser Brot zu kaufen. Dann folgt eine Art Höhepunkt der biblischen Offenbarung über Gnade. Der Prophet fragt uns: „Warum bezahlst du mit saurem Verdienst", das heißt mit deinem eigenen Einsatz und mit Anstrengung für etwas, was nicht satt macht? Dahinter steht die Aussage, daß nichts, wofür wir Mühe und Anstrengung investieren müssen, uns satt machen kann. Alles, was bezahlt wird, kann grundsätzlich unsere tiefsten Bedürfnisse nicht stillen und uns nicht sättigen! Bezahlte Leistungen berauben uns, statt uns etwas zu geben. Wir sind am Ende immer hungriger.

Zweimal fordert uns der Text auf, daß wir hören sollen. Wenn wir wirklich Gutes essen und uns am Köstlichen laben wollen, dann sollen wir zu Gott hingehen und ohne Geld und umsonst Wein und Milch kaufen. Wie ist das möglich?

Gott hat sich entschieden, mit uns einen ewigen Bund zu schließen, um uns die beständigen Gnaden Davids zu geben. Die beständigen Gnaden Davids sind jene, die ewig sind, verläßlich sind und für immer Bestand haben. Das sagte Jesaja etwa vierhundert Jahre nach David. Aber die Gnaden Davids sind von besonderer Art. Sie gelten auch heute noch. Weswegen redet das Wort Gottes von Davids beständigen Gnaden? Es gibt zwei Davids in der Schrift: der erste David, jener König von Juda und Israel, der um 1000 vor Christi lebte, und der zweite David, Jesus Christus, der das geistliche Erbe des ersten übernommen und fortentwickelt hat. Weil der ursprüngliche David ein Mann der Gnade war und göttlich lebte (Wir sind so göttlich, wie wir von Gnade bestimmt sind), deswegen wurde er Vor-Bild für Jesus, dem zweiten David. Alles, was an Gnaden über David gesagt war, gilt auch für das Gnadenangebot unseres Herrn, das insofern ewig ist.

2. Samuel 17,11 b-15

11 b Und der Herr verkündigt dir, daß der Herr dir ein Haus bauen will.
12 Wenn nun deine Zeit um ist und du dich zu deinen Vätern schlafen legst, will ich dir einen Nachkommen erwecken, der von deinem Leibe kommen wird; dem will ich sein Königtum bestätigen.
13 Der soll meinem Namen ein Haus bauen, und ich will seinen Königsthron bestätigen ewiglich.
14 Ich will sein Vater sein, und er soll mein Sohn sein. Wenn er sündigt, will ich ihn mit Menschenruten und mit menschlichen Schlägen strafen;
15 aber meine Gnade soll nicht von ihm weichen, wie ich sie habe weichen lassen von Saul, den ich vor dir weggenommen habe.

In diesem Zitat erscheint erstmalig die besondere Gnade, die David gegeben worden ist, und die nicht von ihm weichen soll. Weil sie ihm und seinem Haus gegeben worden ist, und weil wir zu seinem Hause gehören – denn Jesus, der zweite David, hat uns dieses neue Haus der Gnade erbaut –, deswegen sollen und werden diese Gnaden auch nicht von uns weichen. Aber wir müssen sie nehmen und festhalten. Die besondere Gnade Davids, die auch uns zusteht, besteht also darin, daß sie nie aufhört.

Psalm 89,2-5
2 Ich will singen von der Gnade des Herrn ewiglich und seine Treue verkünden mit meinem Munde für und für;
3 denn ich sage: Für ewig steht die Gnade fest; du gibst deiner Treue sicheren Grund im Himmel.
4 „Ich habe einen Bund geschlossen mit meinem Auserwählten, ich habe David, meinem Knechte, geschworen:
5 Ich will deinem Geschlecht festen Grund geben auf ewig und deinen Thron bauen für und für."

Hier heißt es, daß für ewig die Gnade feststeht. Weil die Gnade sicher ist, deswegen ist auch das Geschlecht sicher, das Gnade empfangen hat. Das Geschlecht der Gnade, zu dem wir gehören, hat festen Grund und schwankt und wankt nicht.

Einer hat die Zusage, die David gegeben worden ist, besonders ernst genommen. Das war Salomo. Am Ende seines Weihegebetes des neuen Tempels sagt er:

2. Chronik 6,42
Du, Herr, Gott, weise nicht ab das Antlitz deines Gesalbten! Gedenk an die Gnaden, die du deinem Knechte David verheißen hast!

Salomo erinnert Gott an seine eigenen Zusagen gegenüber David. Er sagt: „Gedenke an die Gnaden, die du verheißen hast." Wir sollen Gott seine Gnadenverheißungen vorhalten. Es reicht nicht aus, daß sie einmal erklärt sind und daß sie da sind, sondern wir müssen sie mit unserem Glauben abnehmen.

Gott hat das Gebet des Salomo angenommen, was darin erkennbar wurde, daß Feuer vom Himmel fiel und die Herrlichkeit des Herrn das Haus erfüllte. Die Herrlichkeit Gottes war so stark, daß die Priester auf die Knie fielen und ihrer Tätigkeit, die sicher einstudiert war und dem Gottesdienst einen feierlichen Rahmen geben sollte, nicht nachkommen konnten.

Solange wir im bemühten Eifer ständiger Anstrengung unsere Ziele verfolgen, werden die Monate und Jahre dahingehen, ohne daß sich solche Überraschungen göttlicher Interventionen einstellen. Das liegt einfach an den Voraussetzungen des Vorgehens. Wer alles selbst macht und nur seine Energie investiert, darf nicht erwarten, daß irgendeine andere Kraft dazwischentritt. Wenn wir aber mit der Gnade Gottes rechnen und wenn wir Gott an sein

Wort erinnern und uns auf der Höhe unserer Einsicht bewegen, was heißt, daß wir nicht immer nachhelfen, dann bleibt Raum für Gottes Erfrischungen und Überraschungen. Mit dem Appell an die Gnade Gottes greifen wir nach seiner Hand und nach seinen Energien.

Kenneth Hagin berichtet manchmal in seinen Vorträgen und Büchern, wie er gelegentlich die Herrlichkeit Gottes in seinen Versammlungen so stark wahrnahm, daß er der Wolke der konzentrierten Energie des Heiligen Geistes regelrecht ausweichen mußte, um nicht von ihr in einer Erfahrung der Wonne und unaussprechlichen Kraft erdrückt zu werden. Solche Erfahrungen sind bei uns gewiß selten. Aber weil wir von den beständigen Gnaden Davids reden und weil wir Kandidaten der Erfahrung seiner Gnaden-Herrlichkeit sind, erwarte ich sie für uns in gehäufter Form in vielen Gemeinden. Wenn diese Wolke der Herrlichkeit Gottes auftritt, geschieht immer Ungewöhnliches.

Durch Gnade herrschen

Wo ist nun der Bezug im Neuen Testament zu den beständigen Gnaden Davids? Wir finden ihn in einer Rede von Paulus in Antiochien:

> **Apostelgeschichte 13,32-35**
> **32 Und wir verkündigen euch die Verheißung, die unseren Vätern geschehen ist, als frohe Botschaft,**
> **33 weil Gott sie uns, ihren Kindern, erfüllt hat, indem er Jesus auferweckte; wie denn im zweiten Psalm geschrieben steht: „Du bist mein Sohn, heute habe ich dich gezeugt."**
> **34 Daß er ihn aber hat von den Toten auferweckt, auf daß er hinfort nicht verwese, spricht er so aus: „Ich will euch die Gnade, die David verheißen ist, treulich halten."**
> **35 Darum spricht er auch an einer anderen Stelle: „Du wirst es nicht zugeben, daß dein Heiliger die Verwesung sehe."**

Diese Verse enthalten eine Überraschung. Die beständigen Gnaden Davids haben mit der Auferstehung Jesu zu tun und dann auch mit unserer neuen Lebensweise. Der Text sagt deutlich: Daß er ihn aber hat von den Toten auferweckt, auf daß er hinfort nicht verwese, spricht er so aus (Jesaja 55,3): „Ich will euch die Gnade, die David verheißen ist, treulich halten." Die Auferstehung Jesu ist ein Ausdruck der Treue Gottes zu der verheißenen Gnade Davids.

Diese Gnade hat mit uns insofern etwas zu tun, als Gott uns die Gnade, die David verheißen war, treulich halten will. Eine Gnade wäre nicht beständig, wenn sie mit dem Tode abbräche. Sie muß den Tod überstehen und sogar überwinden. Epheser 1, 20 sagt uns, daß die Kraft, die Gott zur Auferweckung seines Sohnes Jesus nutzte, auch in uns wirksam ist, damit wir in einem neuen Leben, in dem Auferstehungsleben wandeln.

Jesus wurde durch die kraftvolle Herrlichkeit des Vaters, die auch ein anderes Wort für den Heiligen Geist ist, von einem Augenblick zum anderen vom Tod in das Leben gebracht. Wir sollen durch diese Kraft in einem neuen Leben uns ständig bewähren und herrschen (Römer 5,17). Das neue Leben, in dem ununterbrochen von Gottes Herrlichkeit Kraft in uns hineinfließt, stellt nichts anderes als fließende Gnade dar. Das bedeutet, daß unser neuer Lebensstil nicht eine Kette von ständigen Leistungsimpulsen ist, um Gottes Sittlichkeitsforderungen gerecht zu werden. Die Andersartigkeit des Lebens nach der Erfahrung, daß wir mit Christus gestorben und auferstanden sind, kann nicht genug betont werden. Danach hat die Mühe ein Ende! Es gilt dann tatsächlich das Wort des Propheten: „Weswegen bezahlt ihr mit eurer Mühe für etwas, was doch nicht Befriedigung bringt?"

Unsere Nachfolge soll ein einziger Beleg für die Realität der ständigen Gnaden Davids sein, die Gott uns halten will. Wie leicht kann man im Aufruf zur beherzten Jesusnachfolge diese neue Lebensregel fatal umakzentuieren. Dann hört man Parolen wie: „Mehr Hingabe." – „Ganz für den Herrn da sein." – „Alles drangeben." – „Das Ganzopfer eures Lebens bringen." – „Schont euch nicht." – „Für euren Herrn ist das Beste gerade gut genug!" – „Was achtet ihr auf euer Leben?" – „Die unerlösten Massen rufen, gönnt euch keine Ruhe!" – „Entsagt allem, was euch hindert, ununterbrochen für die Mission da zu sein." Das sind alles Schlachtrufe, die auf ideologischen Kampfplätzen angezeigt sein mögen. Aber das Evangelium redet zu uns anders.

Wir müssen darauf achten, daß wir nicht das Opfer von Orgien der Scheinhingabe und der religiösen Selbstverwirklichung werden. Dabei lassen wir in Wirklichkeit doch nur unsere eigenen

Muskeln spielen und brüsten uns über unseren rückhaltlosen und selbstlosen Einsatz. Dann machen wir wieder das Entscheidende. Das ist alles eine große Lüge, der bereits zu viele Christen zum Opfer gefallen sind. Das war das Mißverständnis von Paulus nach seiner Bekehrung. Damals raste er durch die Städte Israels, um mit seinem heiligen Eifer alle Sadduzäer und Pharisäer zu überführen und ihnen die Argumente zu nehmen. Er war unüberwindlich. Aber das war nicht Gottes erste Wahl.

Ich pflege zur Illustrierung des Unterschiedes von religiösem christlichen Eifern und Leben aus dem Heiligen Geist gerne die beiden Verse aus Apostelgeschichte 9 zu zitieren:

Apostelgeschichte 9,30 + 31
30 Da das die Brüder erfuhren, geleiteten sie ihn nach Cäsarea und schickten ihn weiter nach Tarsus.
31 So hatte nun die Gemeinde Frieden durch ganz Judäa und Galiläa und Samarien und baute sich und wandelte in der Furcht des Herrn und mehrte sich durch den Beistand des heiligen Geistes.

Sie haben die Betonung der Schrift, die nicht ganz frei von Ironie ist, sicher bemerkt: So, also auf diese Art und Weise, hatte die Gemeinde Frieden, konnte sich aufbauen, in der Furcht des Herrn wandeln und sich durch den Beistand des Heiligen Geistes mehren. Erst mußte Paulus eliminiert werden. Dann konnte der Segen in der ursprünglichen göttlichen Dimension in großem Frieden und in der Wirksamkeit des Heiligen Geistes sich entfalten. Paulus mußte viele Jahre in seinem geistlichen „Sibirien" zubringen. Aber er hat gelernt wie kein anderer.

Wir müssen lernen, die Pflichtbesessenheit und den religiösen Eifer, mit dem wir uns doch nur selbst verherrlichen wollen, beiseite zu legen und aus der Ruhe Gottes heraus die Auferstehungskraft, die nichts anderes als reine Gnade ist, fließen zu lassen. So lebt es sich besser, so macht Gott die Hauptsache.

Gnade vom Morgen bis zum Abend

Es ist kein Zufall, daß David diese beständigen Gnaden verheißen worden waren. Er war der Liebhaber des Wortes Gottes wie kein anderer. Hören wir einige wenige Auszüge aus seinem Loblied über das Wort und seinem Umgang mit dem Wort:

Psalm 19,8-11

8 Das Gesetz des Herrn ist vollkommen und erquickt die Seele. Das Zeugnis des Herrn ist gewiß und macht die Unverständigen weise.
9 Die Befehle des Herrn sind richtig und erfreuen das Herz. Die Gebote des Herrn sind lauter und erleuchten die Augen.
10 Die Furcht des Herrn ist rein und bleibt ewiglich. Die Rechte des Herrn sind Wahrheit, allesamt gerecht.
11 Sie sind köstlicher als Gold und viel feines Gold, sie sind süßer als Honig und Honigseim.

Psalm 1,1-6

1 Wohl dem, der nicht wandelt im Rat der Gottlosen noch tritt auf den Weg der Sünder noch sitzt, wo die Spötter sitzen,
2 sondern hat Lust am Gesetz des Herrn und sinnt über seinem Gesetz Tag und Nacht!
3 Der ist wie ein Baum, gepflanzt an den Wasserbächen, der seine Frucht bringt zu seiner Zeit, und seine Blätter verwelken nicht. Und was er macht, das gerät wohl.
4 Aber so sind die Gottlosen nicht, sondern wie Spreu, die der Wind verstreut.
5 Darum bestehen die Gottlosen nicht im Gericht noch die Sünder in der Gemeinde der Gerechten.
6 Denn der Herr kennt den Weg der Gerechten, aber der Gottlosen Weg vergeht.

Psalm 119,148

Ich wache auf, wenn's noch Nacht ist, nachzusinnen über dein Wort.

Weil David der Mann des Wortes war, deswegen konnte er auch der Mann der Gnade werden. Jesus ist das Wort, deswegen ist er die leibhaftige Gnade.

Was vermittelt uns eigentlich das Wort Gottes? Es beschreibt in vielen Darstellungen und Bildern alles, was Jesus für uns getan hat. Das Wort Gottes zeichnet uns eine fertige Lösung für alle Probleme und Nöte unseres Lebens, so daß nichts mehr für uns zu tun ist. Wir bleiben in der Rolle der Nehmenden. Das Wort Gottes schildert uns den Charakter des Vaters, des Sohnes und des Heiligen Geistes, aus welchem alle Handlungen Gottes entwachsen sind. Das Wort Gottes zeigt uns, daß der Heilige Geist ununterbrochen wirksam ist, um uns die Erlösungsgeschenke nahezubringen und bei der Anwendung und Durchsetzung zu helfen. Das Wort beschreibt uns ein Paket von Segnungen (Hilfen und Erlösung), die alle eine Überschrift und einen Inhalt haben: Gnade.

Wenn wir das Wort Gottes studieren, kommt es darauf an, daß wir nicht nur Wörter lesen oder geistige und theologische Zusammenhänge erkennen, sondern verstehen und im Glauben annehmen, was Gott schon getan hat, also wir nicht mehr tun müssen. Beim Lesen des Wortes Gottes und durch das Meditieren darüber soll die im Worte Gottes eingebundene Gnade frei werden und sich in unser Inneres ergießen. So ist die Aufforderung der Schrift an uns, uns ununterbrochen mit dem Worte Gottes zu beschäftigen gleichbedeutend mit der Aufforderung, ständig Gnade zu nehmen. Wir brauchen Tag für Tag, ununterbrochen zu jedem Zeitpunkt, für alles, was wir tun oder lassen, Gnade.

Jetzt wird es sehr praktisch. Das Wort gibt uns Anweisung, wie wir zu unserem notwendigen Kontingent an Gnade kommen. Üblicherweise pflegen wir, wenn wir aufwachen, uns die einzelnen Aufgaben und Leistungen des kommenden Tages zu vergegenwärtigen, um uns darauf einzustimmen und die Kräfte und Motive für die Erledigung dieser Planungen zu mobilisieren. In einem solchen Denken hat Gnade keinen Raum.

Die andere Form, wie man in den Tag hineingeht ist die, daß man nach dem Aufwachen mit Grauen an die vor einem liegenden Tätigkeiten und Lasten denkt und ihn wie einen Berg vor sich sieht. Angst und Verzweiflung erfaßt uns dann. Am liebsten möchten wir nicht aufstehen. Wir versuchen, nicht an den kommenden Tag zu denken. Auch bei diesem Tagesanfang ist Gnade nicht enthalten.

So wollen wir hören, was das Wort Gottes und empfiehlt:

Psalm 90,14
Fülle uns frühe mit deiner Gnade, so wollen wir rühmen und fröhlich sein unser Leben lang.

Füllen heißt doch: ganz voll werden. Der Morgen ist der entscheidende Zeitpunkt. Wenn wir nicht aus der Fülle von empfangener und erlebter Gnade heraus in den Tag hineingehen, dann bleibt uns nichts anderes übrig, als aus der eigenen Substanz zu leben. Und schon sind wir damit wieder in der praktisch ausgelebten Unabhängigkeit. Man kann nicht aus der Gnade leben, wenn man nicht voll von Gnade ist. Die morgendliche Bibellektüre hat nicht die Aufgabe, unser Gewissen zu beruhigen, sondern das notwendige Quantum an Kraft aus Gnade uns zu verschaffen, so daß wir leicht durch den Tag hindurchkommen.

Psalm 92,2 a.3
2 a Das ist ein köstlich Ding, dem Herrn zu danken und lobsingen deinem Namen, du Höchster,
3 des Morgens deine Gnade und des Nachts deine Wahrheit zu verkündigen.

Nachts, wenn alle Katzen grau sind und im Halbschlaf oder im Zustand der Ermattung alle Dinge bedrohlich werden können, dann ist es wichtig, die Wahrheit Gottes auszusprechen. Wir proklamieren die Fakten, wie sie wirklich sind, um damit die Zerrbilder in unserer schwächsten Zeit, wenn wir schutzlos zwischen Traum und Wachen sind, zu korrigieren.

Aber des Morgens, wenn wir ausgeschlafen und unternehmungslustig aufstehen, also zu unserer stärksten Zeit, dann sollen wir die Gnade Gottes verkündigen. Morgens sollen wir feststellen, am besten laut und wiederholt, daß der vor uns liegende Tag nicht durch die eigene Kraft bewältigt werden soll. Wir erklären, daß wir uns nicht der Täuschung hingeben, alles selbst schaffen zu wollen. Wir verkündigen über den kommenden Tag die Gnade Gottes. Wir erklären, daß alles, was durch uns geschieht, aus Gnade resultieren soll und was nicht aus Gnade kommt, nicht geschehen soll.

Psalm 143,8
Laß mich am Morgen hören deine Gnade; denn ich hoffe auf dich. Tu mir kund den Weg, den ich gehen soll; denn mich verlangt nach dir.

Wir können doch nur die Gnade wählen, wenn wir wissen, wie sie aussieht und uns auf den Weg Gottes begeben, wenn wir durch seine Gnade vernehmen, wohin er geht.

Wir brauchen die Inspiration, die aus dem Hören der gnädigen Stimme Gottes entspringt. Wenn wir seine Beteuerungen hören, daß wir Fehler machen dürfen, daß er ständig bei uns ist, daß er uns schützt und daß wir uns auf keinen Fall anstrengen sollen, dann tut uns das gut. Wenn wir seine Stimme hören, dann werden wir immer vernehmen, daß er sagt: „Laß *mich* das Entscheidende tun. Halt du dich verfügbar, daß ich durch dich handeln kann."

Indem wir so unseren Tag beginnen und die Entscheidung zur Gnade nicht nur formal treffen, muß das nicht heißen, daß dieser Tag frei sein wird von Schwierigkeiten. Aber wir haben ja gelernt, daß die Gnade sich bei den Problemen und sogar bei der Sünde besonders manifestiert. Der normale Ablauf der Ereignisse und des Sieges über Schwierigkeiten wird immer derselbe sein:

Schwierigkeiten – Gnade – Glauben – Wunder.

Die Leistung bleibt bei all dem draußen. Die Erde ist voll von der Güte des Herrn. Sie will nur genommen sein. Es gibt mehr Güte Gottes um uns herum, als es Schwierigkeiten gibt.

Kapitel 10

Von Gnade getröstet und ausgerüstet

Der Leser wird, so glaube ich, eine immer anschaulichere und genauere Vorstellung von dem Wesen der Gnade bekommen. Gnade ist, wie ich es mittlerweile mehrfach ausgedrückt habe, ein Strom von göttlichen Energien und Wohltaten, die ununterbrochen vom Throne Gottes zu uns strömen und die über unseren Geist sich in unser Leben ergießen wollen. Das klingt ein wenig blumig und kitschig, aber stellt doch die beste Veranschaulichung von Gottes Gnade dar.

Was geschieht nun, wenn man sich durch dieses Angebot von Zuwendung und Kraft ermutigen läßt und dann doch in Sünde fällt?

Dann offenbart sich die Gnade Gottes besonders deutlich, weil ihr Charakter darauf gerichtet ist, aus Sünde und aus Nöten herauszuhelfen und der Verzweiflung und Depression zu wehren:

> **Psalm 109,21**
> **Aber du, Herr, sei du mit mir um deines Namens willen; denn deine Gnade ist mein Trost: errette mich!**

Gottes Gnade kann nicht nur trösten, sie ist ein einziger Trost. Alle Folgen der Sünde wie Verzweiflung, Hoffnungslosigkeit, Angst und Depression, sind letztlich die Folgen eines Mangels an Gnade. Mit Gnade kann man nicht in ein Stimmungsloch fallen, ein Neurotiker werden oder in die Apathie fallen.

Gnade will, wie wir gleich sehen werden, noch mehr tun als nur zu trösten. Sie weist uns den Weg nach vorne, gibt Hoffnung und

Erquickung. Aber zunächst einmal bewirkt Gnade nach eingestandener Sünde in unserem Herzen Frieden und Entspannung. Sie verbindet das mit einer ganz eigenartigen Botschaft, die wir alle hören sollten: „Du fühlst dich entmutigt und verzweifelt, daß du es wieder nicht geschafft hast. Du siehst kein Ende deiner Bemühungen, herauszukommen aus alten Bindungen und Schwächen. Verstehst du nicht, daß das dein eigentliches Problem war. Du hast dich wieder angestrengt! Du bist gefangen, weil du zuwenig von mir, der Gnade, genommen hast. Du hast einen Mangel an Gnade. Versuche es jetzt ja nicht mit deiner eigenen Kraft, sondern laß dich aufbauen und anfüllen mit den Kräften deines Herrn. Du bist nicht dazu geschaffen, aus deinen eigenen Kräften heraus die Kontrolle über deinen Charakter und die Umstände zu gewinnen".

Die Tröstung der Gnade wird immer wieder in diesem Sinne reden und von großer Kraft sein, sofern man sie erst einmal verstanden hat. Gnade verweist auf die wunderbare und kaum verstehbare geistliche Grundtatsache, daß sie ihren Anfang und ihre höchste Ausprägung bei der Sünde nimmt.

Von der Tröstung zur Erquickung

Wenn ein Trost, der einem nach einer Niederlage oder einem Verlust zuteil geworden ist, gewirkt hat, dann wird er das Verlangen erwecken, nun doch weiterzugehen und neues Terrain zu erobern. Die Erfahrung der wiederkehrenden Initiative ist gleichsam ein Beweis für die Wirksamkeit des Trostes. Gottes Gnade will uns die Kraft reichen, um angstfrei nach vorne zu schreiten und aus dem Reservoir der „Befähigung durch Gnade" gehorsam zu werden:

> **Psalm 119,88**
> **Erquicke mich nach deiner Gnade, daß ich halte die Mahnung deines Mundes.**

Angenommene, das heißt geglaubte Gnade, wirkt erquickend, vitalisierend und legt die Energie bereit, anschließend das Wort Gottes im Herzen festzuhalten und daraus Kraft zum Gehorsam zu entnehmen.

Das ist ein interessanter Aspekt, der wieder einmal die Analogie zu dem Glauben beweist. In Hebräer 11,8 lesen wir, daß Abraham durch den Glauben gehorsam wurde. Er glaubte zuerst und bekam daraus die Kraft, zu tun, was Gott sagte. Hier wird nun der entsprechende Ablauf auf der Gnadenseite geschildert. Wir empfangen die Gnade, die uns Kraft, Energie und Erquickung zuteil werden läßt, damit wir aus dieser übernatürlichen Befähigung heraus anschließend gehorsam werden können.

An dieser Stelle will ich noch einmal kurz auf das Wesen des neutestamentlichen Gehorsams eingehen. Gehorsam ist ein Glaubensgehorsam, wie es im Römerbrief zweimal heißt. Erst glauben wir – und wir glauben, daß Gott Gnade gibt. Danach sind wir durch diese geglaubte Gnade imstande zu tun, was Gott will, weil Gnade uns die Kraft bereitstellt, das Wort Gottes umzusetzen. Jede andere Form von Gehorsam, die ihre Energie nicht aus der Gnade Gottes bezieht, ist ein leistungsorientiertes Verhalten und in sich Sünde! Gehorsam sein zu wollen, ohne zu glauben und ohne dadurch die Gnade erfahren zu haben, führt geradewegs zur Moral, in die Gesetzlichkeit und in das Unglück.

Die Mitte unserer Entscheidung zum Gehorsam, womit wir Gott erfreuen und ehren wollen, ist also eine Gnadenerfahrung. Fehlt sie, dann können wir nicht über die Sünde herrschen, sondern wir werden von ihr beherrscht. Also können wir nur dann gehorsam sein, wenn die Sünde nicht mehr über uns herrschen kann. Es kann gar nicht anders gehen, weil Gehorsam als Handlung definiert wird, in der man den Willen Gottes tut und Sünde meidet.

Gnade beendet die Herrschaft der Sünde und befähigt zum Gehorsam.

So viele Christen versuchen mehr oder weniger verzweifelt, in Anbetracht ihrer alten Zwänge und zwanghaften Leidenschaften doch gehorsam werden zu wollen. Das ist ein durch und durch vergebliches und demütigendes Unterfangen. Bevor die Gnade nicht solche Zwänge entkoppelt hat, wird es nicht möglich sein, mit dem eigenen Bemühen auf dem Wege des Gehorsams die Sünde besiegen zu können.

Wir werden nirgendwo in der Schrift aufgefordert, den Kampf gegen die einzelnen Sünden mit unserer Willensanstrengung aufzunehmen und durchzuhalten. Der Sieg über chronische Neigungen, Zwänge und sündhafte Haltungen kommt nur durch Gnade zustande oder nie. Auch im Bereich der weniger auffälligen Fehlhaltungen und nicht so groben charakterlichen Fehlprägungen gilt derselbe Grundsatz: Nur durch Gnade werden wir frei und gehorsamsfähig. Die Lehre über Befreiung von den Zwängen ist identisch mit der Befähigung zum Gehorsam.

Wenn ich so dem Leser einen Segensaspekt nach dem anderen vorlege, der aus der Gnade erwächst, dann kann er möglicherweise die Frage in sich hochkommen spüren: „Läuft denn alles über Gnade? Hat nicht der Autor ein wenig in seinem Verliebtsein in seine neueste Entdeckung etwas überzogen? Sollen wir denn nur aus Gnade bestehen?"

Nun, das ist exakt die Beschreibung des Befundes, den zum Beispiel Paulus bei sich erhebt:

1. Korinther 15,10
Aber von Gottes Gnade bin ich, was ich bin. Und seine Gnade an mir ist nicht vergeblich gewesen, sondern ich habe viel mehr gearbeitet als sie alle; nicht aber ich, sondern Gottes Gnade, die mit mir ist.

2. Korinther 1,12
Denn unser Ruhm ist dieser: das Zeugnis unseres Gewissens, daß wir in Heiligkeit und göttlicher Lauterkeit, nicht in fleischlicher Weisheit, sondern in der Gnade Gottes unser Leben in der Welt geführt haben, und das vor allem bei euch.

Wenn man der Schrift in ihren Ausführungen über die Bedeutung der Gnade folgt, dann bekommt man den Eindruck, daß man die Bedeutung der Gnade schlechthin nicht überbetonen kann. Paulus sagt tatsächlich, daß alles, was er ist, aus Gnade ist. Würde man ihn geistlich sezieren, dann fände man bei ihm nur Gnade. Wer das Wort Gottes in sich aufnimmt und in seinem geistlichen Stoffwechsel umsetzt, wird am Ende nur aus Gnade bestehen. Das ist sogar ein Grund des Rühmens für Paulus, daß er ausschließlich in der Gnade Gottes unter den Korinthern gelebt hatte.

Nicht uninteressant ist es in diesem Zusammenhang, daß diese Gnade sich auswirken will. Es mutet fast wie ein Kontrapunkt an, der offensichtlich vom Heiligen Geist so bewußt gesetzt worden ist, daß ausgerechnet im Zusammenhang mit der Aussage, daß Paulus nur aus Gnade existiert, er hinzufügt, daß er deswegen mehr als alle anderen arbeitet. Aber genaugenommen ist es die Gnade Gottes in ihm, die arbeitet.

Der rechte Umgang mit Gnade führt nicht in die Passivität, sondern offenbart ihre besondere Natur gerade dadurch, daß wir, die wir bereits von der Gnade angefüllt sind, einen Drang in uns verspüren, die Gnade durch uns zum Wohle anderer arbeiten zu lassen. Insofern ist es unangemessen, wenn man die Warnung der Heiligen Schrift vor dem Fluch der Anstrengung, des seelischen Bemühens und der Selbstverwirklichung mit Arbeit gleichsetzt. Anstrengung und Arbeit sind zwei verschiedene Größen. Wenn wir arbeiten, dann sollten wir im ruhigen Strom von stetigem Fleiß geschenkte Energien auswirken lassen. Die Gnade, aus der wir bei unserem Arbeiten schöpfen, wird uns eine hohe Arbeitseffizienz verschaffen.

Ich gebe es zu, daß die Gefahr groß ist, zumal für uns Abendländer, aus der Haltung der Arbeit in den Streß der Anstrengung, der Leistung und des sich Beweisens müssens zu fallen. Wenn wir uns aber dem Ziel annähern, allein aus Gnade zu bestehen und aus Gnade zu handeln, dann wird dieses schöne und scheinbare Paradoxon mehr und mehr unsere Wirklichkeit werden können: Wir arbeiten und arbeiten – und sind dabei doch entspannt, weil wir nur aus den Ressourcen der Gnade schöpfen, aus der wir bestehen.

Gnade und Gnadengaben

Nach allem, was wir über die Gnade gehört haben, wird uns das folgende Schriftwort, das dem Leser gewiß seit langem vertraut ist, auf einmal in einem neuen Licht erscheinen:

> **Römer 12,6**
> **Und wir haben mancherlei Gaben (Gnadengaben, griechisch: „Charismata“) nach der Gnade, die uns gegeben ist.**

Gnadengaben, die zum Teil Charismata und in anderen Schriftworten Pneumatika genannt werden, haben einen Doppelcharakter. Sie sind Gaben des Heiligen Geistes und sind Gaben der Gnade.

Das eben zitierte Wort aus Römer 12 sagt uns ausdrücklich, daß diese Gaben uns in Abhängigkeit von der Gnade, die uns gegeben ist, zugeteilt werden. Jede Gabe ist eine Gabe aus Gnade! Wir bekommen bestimmte Gnadengaben hinsichtlich Art und Ausmaß dieser Gabe in Abhängigkeit von unserem Umgang mit Gnade. Gott will sehen, ob wir aus Gnade leben, es bei Gnade bewenden lassen, oder in versteckter Unehrlichkeit die Gnade mit unserer Leistung und Ehre vermengen, und zu unserer eigenen Profilierung mißbrauchen.

Wer das ehrliche Bestreben hat, sich vom Heiligen Geist gebrauchen zu lassen und Träger von Charismen zu werden, der ist gut beraten, sich aus dem Worte Gottes viel Gnade zu holen. Nebst der Grunderfahrung der Taufe in den Heiligen Geist kenne ich keine bessere Voraussetzung zu den Gnadengaben als die, ein Mensch der Gnade zu werden.

Wenn wir tief eingetaucht sind in Gottes Gnade und mit Freude darin bleiben, weil wir die Lust verspüren und genießen, in diesem Gnadenelixier beglückt und befriedigt zu sein, dann sind wir Kandidaten für die Geistes- und Gnadengaben, sogar auch für jene großen und gefährlichen, die Gott nur so sparsam einsetzen kann, weil wir die Anerkennung, die aus ihrer Betätigung entsteht, so gern zur Selbstdarstellung heranziehen und damit mißbrauchen.

Ich habe es immer wieder feststellen können, daß der Herr jene Menschen besonders gern in seinen Dienst nahm, um ihnen in reichlichem Maße die Geistesgaben zu geben, die sanfte, ehrliche und natürliche Personen waren, die aus Gottes Gnade lebten. Hier gib es für uns noch viel Terrain zu gewinnen. Das Schöne daran ist, daß wir nicht erst große Opfer bringen und Entbehrungen auf uns nehmen müssen, um nachher die Freuden der Belohnung und Bestätigung in Gestalt von dargereichten Gnadengaben erleben zu können. Nein, die Verhältnisse liegen total anders. Der Gesegnete, der sich zunächst einmal den Segen des neuen Lebensstils aus Gnade abgeholt hat und darin entspannt, glücklich und unter dem Wohlgefallen Gottes lebt, er ist es, der auch die kraftvollen Manifestationen der übernatürlichen Geistesgaben erleben soll. Anderen kann der Herr sie gar nicht anvertrauen, weil sie, gnadenarm wie sie sind, auch unglücklich sind und sich gar nicht der Versuchung entziehen können, die Geistesgaben für ihre Zwecke zu benutzen.

Auch das kann die Gnade: Reich machen

Bestimmte Auswirkungen der Gnade Gottes werden uns erst dann zuteil, wenn wir zuvor die Segnungen der Gnade an unserem Charakter erfahren haben. Das trifft, wie wir eben gesehen haben, besonders für den Umgang mit den Geistesgaben zu. Das betrifft auch die Thematik des materiellen Wohlergehens:

> **2. Korinther 8,9**
> **Denn ihr wisset die Gnade unsers Herrn Jesus Christus, daß, ob er wohl reich ist, ward er doch arm um euretwillen, auf daß ihr durch seine Armut reich würdet.**

Wie reagieren Sie, mein lieber Leser, wenn Sie dieses Wort hören? Sind Sie ärgerlich darüber, auch hier dem Wohlstandsevangelium zu begegnen, oder begrüßen Sie es mit Freude und Genugtuung, daß Gnade auch zu diesem Aspekt etwas zu sagen hat?

Ich gehöre zu den letzteren. Es wäre sehr verwunderlich, wenn Gottes Beitrag zum Leben, seine Gnade, nichts zu diesem Thema zu sagen hätte.

Paulus geht ganz selbstverständlich davon aus, daß wir die Zusammenhänge kennen, die Gnade Gottes verstehen und wissen, also auch wissen, daß Jesus, weil er gnädig ist, um unseretwillen arm wurde, damit wir durch seine Armut reich würden. Die Verwandlung von allem Negativen in das Positive, das war ja ein besonderes Kennzeichen der Gnade, diese Wirkung kann im Bereich des Materiellen nicht ausbleiben. Gnade Gottes macht reich! Das ist ein sehr einfacher, manchen regelrecht plump erscheinender Satz, der nur scheinbar skandalös und unzumutbar ist.

Gehen wir noch einmal kurz die Gesetzmäßigkeiten durch: Zunächst bereichert uns die Gnade Gottes innerlich, in unserem Herzen durch die Wirksamkeit an unserem Geist und durch die Veränderung unseres Charakters. Anschließend, genaugenommen von Anfang an, mit den ersten Einwirkungen auf das eigene Herz, wirkt die Gnade bereichernd auf unsere sozialen Beziehungen. Wer Gnade genommen hat, möchte doch gerne, und in einer Weise muß er auch, Gnade weiterreichen, um in der Erfahrung des stetigen Nachschubs von Gnade zu bleiben. Insofern ist die Wahrheit der Gnade im Umkreis des Themas des materiellen Reichtums besonders gut aufgehoben.

Das Wort Gottes lehrt uns, daß der Reichtum, der durch Gnade uns zuteil werden soll, ein Mittel des Segens ist, den wir weiterreichen sollen, damit das Reich Gottes aufgebaut wird, Menschen erfreut werden und Armut in unserer Umgebung besiegt wird. Die Gnade Gottes, die uns reich machen will (was tatsächlich nach dem Kontext dieser Schriftaussage ganz überwiegend materiellen Reichtum meint), ist mitnichten in das System von der Begierde nach Reichtum, Habgier und Geiz einzubauen. Wer nur daran denkt, wie er sehr schnell zu materiellem Gewinn kommen kann, wird gewiß auf dem Weg der Gnade nicht dort hinkommen, weil er gar nicht die Gnade verstanden hat und so verstehen kann.

Wir müssen in der Christenheit endlich davon loskommen, daß wir wegen mancher mißbräuchlichen Verwendung der Schrift oder einzelner Schriftstellen durch einzelne Autoren oder Verkündiger bestimmte Wahrheiten, die sie uns anbietet und die im Gegensatz zu unseren Weltanschauungen oder dogmatischen Überzeugungen stehen, ablehnen. Es ist nun einmal eine unleugbare Aussage der Schrift, daß die Gnade Gottes uns reich machen will, sofern wir in diesem Prozeß ununterbrochen in der Erfahrung der Gnade bleiben und ihre Doppelnatur mit Freuden anerkennen: Wir empfangen aus Gnade, unter anderem auch irdische Güter, und wir geben aus Gnade, was wir empfangen haben, weiter. Dabei wird für uns selbst noch genug übrigbleiben. Dafür sorgt unser Herr.

Eine theologische Neuheit: Fürgnade

Das Studium der Gnade läßt immer wieder deutlich werden, daß sie wesensmäßig darauf ausgerichtet ist, anderen Gutes zu tun. Wir empfangen Gnade und werden sie nur dann sinnvoll und genießend erleben, wenn wir sie sofort weiterreichen. Es ist also wichtig, daß wir möglichst vielen Menschen Gnade zukommen lassen.

In der Apostelgeschichte gibt es zwei interessante Stellen, die diesem Vorgang einen besonderen Rahmen geben:

Apostelgeschichte 14,26
Und von da fuhren sie zurück nach Antiochien, wo sie der Gnade Gottes befohlen worden waren zu dem Werk, das sie hatten ausgerichtet.

Apostelgeschichte 20,32
Und nun befehle (übergebe) ich euch Gott und dem Wort seiner Gnade, der da mächtig ist, euch zu erbauen und zu geben das Erbe unter allen, die geheiligt sind.

In beiden Schriftworten ist davon die Rede, daß Christen ihre Brüder offiziell Gott und der Gnade Gottes übergeben haben. Im zweiten Abschnitt wird auch herausgestellt, daß Paulus die Ältesten der Gemeinde in Ephesus dem Wort seiner Gnade übergibt. Diese Formulierung macht einmal mehr deutlich, daß die Gnade nicht ein frei flottierendes göttliches Fluidum ist, sondern an das Wort Gottes gebunden ist.

Man kann also, wie es diese beiden Worte nahelegen, Menschen durch einen Akt des Willens der Gnade Gottes anvertrauen. Dieser Vorgang hat eine gewisse Ähnlichkeit mit der Fürbitte, in der man ja auch nicht für sich bittet, sondern für andere eintritt. Es sieht fast so aus, als ob die Schrift so etwas wie eine „Fürgnade" kennt.

Die erstgenannte Schriftstelle aus Apostelgeschichte 14 erklärt uns, wie dieser Vorgang abläuft, und was er bewirkt:

a) Paulus und seine Brüder werden ausdrücklich von den Propheten und Aposteln in Antiochien der Gnade Gottes übergeben. Das war nicht nur ein Wünschen und Begehren, sondern ein offizieller Akt, durch den man im stellvertretenden Glauben die Brüder in die Gnade Gottes gesetzt hat.
b) Durch diesen Akt des stellvertretenden Mitglaubens wurde die Gnade Gottes wirksam, und die aussendenden Brüder bekamen Anteil an dem Ergehen und den Ergebnissen der Geschwister, die ausgesandt waren.
c) Weil dieser Prozeß so von Gott gewollt und demnach auch gesegnet war, konnten die Brüder vermittels der Gnade, die ihnen anhaftete, vieles ausrichten.
d) So wird von dem Resultat bewiesen, daß dieser Ansatz richtig war.

e) Das ist nicht nur eine geschichtliche Episode. Das soll die Norm für uns werden. Wir können füreinander beten, wir können füreinander glauben und sogar füreinander danken (Epheser 1,16) und schließlich einander der Gnade Gottes und dem Wort seiner Gnade anbefehlen.

Erweckung kommt durch Gnade

Zum Schluß möchte ich noch einen elektrisierenden Aspekt, der von dem Zusammenhang von Gnade und Erweckung handelt, vermitteln. Die nachfolgenden Schriftworte stellen eine ursächliche Beziehung zwischen dem Willen Gottes (Nationen, ja der ganzen Welt Erweckung zu bringen) und dem Gehorsam der Gemeinde Jesu her, Gnade anzunehmen und Gnade auszuleben:

Joel 2,23
Und ihr, Kinder Zions, freuet euch und seid fröhlich im Herrn, eurem Gott, der euch gnädigen Regen gibt und euch herabsendet Frühregen und Spätregen wie zuvor.

Der Regen Gottes, der in diesem Wort sogar noch differenziert dargestellt ist als Frühregen und Spätregen, wird in großer Übereinstimmung von der Gemeinde Jesu als Bild für die Erweckung verstanden. Der Regen, den uns der Heilige Geist geben will, wird als gnädiger Regen qualifiziert. Wenn die Erweckung kommt, dann wird sie Gnade in Fülle auf die Menschheit herabschütten.

Von den ersten Generationen der Gemeinde Jesu wissen wir – das Wort Gottes sagt es uns unmißverständlich in Johannes 1,16 –, daß sie die Gnade Gottes ständig zu nehmen wußten. Dementsprechend hatte die Gemeinde Jesu in den ersten einhundert bis zweihundert Jahren eine gewaltige Erweckung in der damaligen antiken Welt in Gang gesetzt. Wenn wir zu diesem ursprünglichen Verständnis und der Einfachheit des Lebensstils unter der Gnade zurückkehren, wird sich dieser Vorgang wiederholen, und ich glaube, er wird noch größer und strahlender als die frühchristliche Erweckung sein.

Hesekiel 34,26
Ich will sie und alles, was um meinen Hügel her ist, segnen und auf sie regnen lassen zu rechter Zeit. Das sollen gnädige Regen sein.

Aus diesem Wort wird uns deutlich ersichtlich, daß der vom Herrn verheißene große Regen, oder genauer genommen die mehrfachen Sendungen von Regen, jeweils Regen der Gnade sein werden.

Psalm 68,10
Du gabst, Gott, einen gnädigen Regen, und dein Erbe, das dürre war, erquicktest du.

Der gnädige Regen soll das dürre gewordene Erbteil Gottes erquicken. In diesem Wort ist der Begriff Erbteil so zu verstehen, daß die Gemeinde selbst das Erbe des Herrn ist. Dieses Erbe ist im Laufe der Jahrhunderte dürr, schmächtig und unansehnlich geworden. Aber Gott läßt es nicht dabei. Er sendet einen gnädigen Regen, der zunächst einmal die Gemeinde Gottes erquicken und aufbauen soll. Wir, die wir bereits an Jesus gläubig sind, sollen erfrischt und erquickt werden, und durch die Ausschüttung von Gottes Gnade selbst so mit Gnade angefüllt werden, daß wir dann ein Segen für unsere Umwelt, für die Heiden und nicht erretteten Menschen sein können.

Ich bin davon überzeugt, daß die kommende Erweckung ursächlich ihren Anfang dadurch nehmen wird, daß die schon vorhandene Gemeinde Gottes ein neues Verständnis von Gnade bekommt, dadurch leicht und unbekümmert hinzutritt zum Throne Gottes und alle ihre früheren Ängste und Selbsterlösungsbeimengungen beiseite läßt. Die Gemeinde Gottes wird dadurch attraktiv werden, daß sie die Erlösung als vollkommen und vollständig versteht und auslebt, wodurch der staunenden Umwelt eine neue Dimension von Freiheit, Leben und Liebe verdeutlicht wird. Das wird die Menschen in Scharen herzuführen.

Sprüche 16,15
Wenn des Königs Angesicht freundlich ist, das ist Leben, und seine Gnade ist wie ein Spätregen.

Das Angesicht unseres Königs ist immer freundlich und gütig, aber wir konnten es blind, wie wir waren, durch Einlassung auf bibelfremde Philosophien, nicht erkennen. Die Gläubigen früherer Jahrzehnte und Jahrhunderte sahen in Gott, allen Offenbarungen der Schrift zum Trotz, einen heiligen, abweisenden, auf Distanz gegangenen Gott, der sich mit seinen sündhaften Kindern nicht identifizieren konnte.

Mir scheint, daß eine Veränderung in dem geistlichen Klima der Gemeinde Jesu weltweit schon jetzt unübersehbar ist. Die Christen entdecken die alten Qualitäten ihres Vaters und ihres großen Bruders, Jesus, ganz neu. Es gibt eine Erweckung von Gnade und Freundlichkeit Gottes unter uns, eine kollektive Wiederentdekkung des wohltuenden und liebevollen Charakters unseres Herrn und eine Renaissance des Lebens unter Gott, das ein einziges Verliebtsein in ihn darstellt.

Das sind die Vorläufer der Erweckung, die zunächst in den Reihen der Gemeinde Jesu anfängt, welche von der Gnade Gottes überwältigt wird, um dann hineinzubrechen in die Welt. Wenn die Menschen seine Gnade entdecken, dann ist das schon der Spätregen.

Nachwort

Gnade für geistliche Leiter

Pastoren, Älteste und alle geistlichen Leiter im Leib Jesu sollen das Wort Gottes austeilen, was ein Wort der Gnade ist. Für die geistlichen Leiter gilt mehr als für alle anderen Gläubigen in der Gemeinde, daß sie selbst nur aus der Gnade leben, ihre Hoffnung allein auf die Gnade setzen und sich von nichts anderem ernähren als von den Wohltaten, der Bestätigung, der Liebe des Herrn, die er ihnen im stetigen Fluß zuteil werden läßt.

Es hat verheerende Auswirkungen, wenn ein Gemeindeleiter oder ein Prediger das pastorale oder Lehramt dazu benutzt, um sich zu profilieren. Die Versuchung ist groß, daß sich die geistlichen Leiter stillheimlich, im Gegensatz zu ihren lauthals ausgesprochenen Beteuerungen, sie dienten nur Gott und der Gemeinde, an den Folgen ihres Dienstes gütlich tun wollen. Wie leicht ist es möglich, daß man von einem ursprünglichen guten Ziel abgleitet und seine Bestätigung nur an den Resultaten seiner Wirksamkeit, an dem gelungenen Aufbau einer Gemeinde, an dem Beifall der Pastorenkollegen und an der Anerkennung und Liebe der Gemeindemitglieder sucht. Wenn wir uns an Menschen wenden, werden unsere Bedürfnisse, innerlich ausgefüllt zu werden und den Frieden durch Bestätigung von anderen zu empfangen, nie gesättigt werden. Wer mit diesem Vorsatz antritt, wird eine ganze Gemeinde um den Ertrag des Evangeliums bringen und am geistlichen Mangel von möglicherweise Hunderten von Menschen schuldig werden.

Die Ehre, die ein erfolgreiches Werk — auch nach Gottes Schau — legalerweise abwirft, kann selbst solche geistlichen Leiter, die gut angefangen haben, auf verkehrte Bahnen ihrer Strebungen bringen. Nach einiger Zeit ziehen sie es vor, sich in dem Glanz der Bewunderung anderer zu sonnen, statt sich zu ernähren von dem stetigen Strom der Liebe und Anerkennung von Gott.

Auf der anderen Seite, und das will ich mehr hervorheben als die Gefahren der Verfehlung, kann die Gnade Triumphe bei Hunderten und Tausenden von Menschen feiern, wenn ein Mann (der geistliche Leiter einer Gemeinde oder ein geistlicher Führer in einem Werk) in innerer Lauterkeit sich allein von Gottes Gunst und Gnade abhängig macht. Ein solcher Mann kann Hunderte prägen und ein ganzes Volk beeinflussen. Achten wir auf das folgende inspirierende Beispiel:

1. Samuel 22,2
Und es sammelten sich bei ihm (David) allerlei Männer, die in Not und Schulden und verbitterten Herzens waren, und er wurde ihr Oberster; und es waren bei ihm etwa vierhundert Mann.

Das war der Anfang der Karriere von David als König auf der Flucht vor Saul. Es war ein Abschaum von Männern, die sich bei ihm sammelten. Sie werden charakterisiert als Menschen, die in Not waren, verbitterten Herzens waren und tief in Schulden steckten. Und er wurde ihr Oberster.

Er war der Mann der Gnade, und Gnade ist ansteckend. Wer wirklich von der Gnade Gottes geprägt ist und sich ständig durch den Umgang mit dem Worte Gottes Nachschub an Gnade sichert, wird seine Umgebung prägen. Wir wollen sehen, was dieser Oberste an diesen vierhundert finsteren Gesellen bewirkt hat:

2. Samuel 23,8-10
8 Dies sind die Namen der Helden Davids: Jischbaal, der Hachmoniter, der Erste unter den Dreien; der schwang seinen Spieß über achthundert, die auf einmal erschlagen waren.
9 Nach ihm war unter den drei Helden Eleasar, der Sohn Dodos, der Ahoachiter. Er war mit David in Pas-Dammim, als die Philister dort versammelt waren zum Kampf und die Männer Israels sich zurückzogen;
10 er aber hielt stand und schlug die Philister, bis seine Hand müde war und am Schwert erstarrte. Und der Herr gab großes Heil an jenem Tage, so daß das Volk sich wieder umwandte hinter ihm her, um zu plündern.

Das waren drei unter den dreißig Helden. Dazu kamen viele andere, von denen die meisten von Anfang an mit David dabei waren.

Gnade färbt ab und prägt Menschen, so daß sie durch das Beispiel eines gnadenvollen Vorbildes eine Schnellentwicklung vom verbitterten Feigling zum Helden durchlaufen.

Das Wort sagt uns, daß unser Herz durch Gnade fest wird. Diese Erfahrung kann durch die Anschauung von guten Beispielen, vor allem durch geistliche Leiter, die unter schwierigen Umständen unwandelbar und fest bleiben, beschleunigt werden.

Jesus hat seine Jünger in demselben Sinne geprägt, als er mit ihnen die drei Jahre zusammen war. Sie waren gewiß am Anfang kein Ausbund von Tapferkeit, Glaubensstärke und Pioniergesinnung. Aber sie sahen unentwegt auf den Herrn und wurden dabei verändert:

> **Johannes 1,14b**
> **Und wir sahen seine Herrlichkeit, eine Herrlichkeit als des eingeborenen Sohnes vom Vater, voller Gnade und Wahrheit.**

Wenn wir geistliche Leiter unseren Blick ständig auf Jesus gewendet halten, dann werden wir zunehmend seine Herrlichkeit sehen, die uns die Gnade Gottes offenbart. Das wird unser Wesen umprägen, unsere Vision schärfen und die Liebe und Kühnheit unseres Einsatzes für sein Reich zunehmen lassen. Die Gemeinde Gottes wird sehen, was Gnade Gottes aus ganz gewöhnlichen Menschen machen konnte, und sie werden willig ihrem Hirten folgen.